8928km의 사랑

8928km의 사랑

나폴리와 나의 이야기, 그리고 축구에 관하여

초 판 1쇄 2025년 08월 14일

지은이 김필진
펴낸이 류종렬

펴낸곳 미다스북스
본부장 임종익
편집장 이다경, 김가영
디자인 임인영, 윤가희
책임진행 김은진, 이예나, 김요섭, 안채원

등록 2001년 3월 21일 제2001-000040호
주소 서울시 마포구 양화로 133 서교타워 711호
전화 02) 322-7802~3
팩스 02) 6007-1845
블로그 http://blog.naver.com/midasbooks
전자주소 midasbooks@hanmail.net
페이스북 https://www.facebook.com/midasbooks425
인스타그램 https://www.instagram.com/midasbooks

ISBN 979-11-7355-365-3 03920

값 **18,500원**

미다스북스는 다음세대에게 필요한 지혜와 교양을 생각합니다.

나폴리와 나의 이야기, 그리고 축구에 관하여

8928km의 사랑

김필진 지음

바다 건너 8928km, 우연한 만남에서 시작된 찬란하고 치열한 청춘의 기록!

"사랑은 언제나 그렇듯,
아주 사소한 우연에서 시작된다."

미다스북스

프롤로그

(1)

첫 만남

: 사랑의 시작

(2)

두 번째 만남

: Campioni in ITALIA

사랑은 우연으로부터

　사랑은 언제나 그렇듯, 아주 사소한 우연에서 시작된다. 이 사랑도 우연히 시작됐다. 2017년 당시 고등학교 2학년이던 나는, 공부 빼고는 모든 것이 즐거웠다. 특히 또래의 여느 남자아이처럼 축구를 유독 좋아했고, 축구가 나의 첫 번째 반려자라는 사실을 공공연히 이야기하고 다닐 정도였다. 이때 즈음 즐겨하던 축구 커뮤니티 '아이러브사커(알싸)' 해외토크방[1] 게시판에 "사리의 나폴리 빌드업 수준"이라는 게시물이 올라왔고, 무심코 이를 클릭한 나는 돌이킬 수 없는 낭만의 물결에 빠지고야 말았다.

　나는 서울 7학군 목동에서 학창시절을 보냈다. 유년기를 보냈던 서울 봉천동의 분위기와는 사뭇 다른, 부와 명예, 그리고 경쟁의 첨단이 바로 이 목동이라는 동네였다. 어쩌면 이는 대한민국의 한 명의 국민으로서 참여

---

1)　해외축구 토크 게시판.

하게 될 갖은 경쟁적 레이스의 시작점이었을 것이다. 봉천동에서 보낸 유년기에는 또래보다 성장이 빠르게 진행되어, 동네 골목대장, 축구팀 주장을 도맡는 등 활달하고 당찬, 한편으로는 사고를 자주 일으키는 말썽쟁이로 자라온 나였다. 하지만 첫 교복을 입기 시작한 양천구 목동의 경쟁적 학업 분위기와 무관심한 이웃 간의 관계성들이 나를 옭아매기 시작했다. 공차고 뛰어놀다 쌈박질하는 것이 연례행사였던 나는, 새로운 동네에서 나의 외향적 정체성을 잃어 가며, 마음의 병을 얻기 시작했다. 돌이켜 생각해 보면, 학창시절 고통받던 나에게, 축구는 일종의 도피처이자, 변하지 않는 나의 사랑이었다. 2017년 고등학교 2학년 시절 우연히 접하게 된 'SSC 나폴리'라는 축구팀은 나에게 엄청난 위로가 되었을 뿐만 아니라 나의 많은 것을 바꾸어 놓게 되었다. 돌이킬 수 없는 감정의 소용돌이가 시작된 것이다. 그들은 경기장에서 단순히 승리를 위해 뛰는 것이 아니었다. 과정을 향유하며, 자신들의 도시를, 삶을, 자존심을, 그리고 존재의 이유를 지키기 위해 싸우고 있었다. 서울의 중심, 목동이라는 이름의 경쟁 속에서 나는 늘 조금 비켜나 있었다. 봉천동의 활달했던 소년은 그곳에서 점점 말이 줄어들었고, 정체불명의 '좋은 대학'이라는 환상 아래 침잠해 갔다. 이때 우연히 나에게 다가온 나폴리, 축구가, 그리고 그 도시의 이름이 내게 손을 내밀었다. "네가 틀린 게 아니야. 넌 이미 충분히 괜찮아."

마우리치오 사리

    선수 전원이 수비와 공격에 참여하는, 이른바 '토탈사커'를 시초로, 스페인 축구팀 바르셀로나의 전성기를 이끌었던 '펩 과르디올라' 감독과 스페인의 2010 월드컵 우승을 이끌었던 '델 보스케' 감독에 의해 (스페인 전역에서부터 세계로) 본격화된 '과정 중심의 패스 위주 축구', 이른바 '티키타카[2]'와 '점유율 축구'는 현실적 아픔과 자본주의적 성취의 압박에 허덕이던 어린 나의 마음을 달래기에 충분했다. 결과보다 과정에 많은 노력을 기울이는 이러한 방식의 축구를 나는 너무나도 사랑하고 있었으며, 때문에 온라인 커뮤니티를 통해 접하게 된 SSC 나폴리팀의 경기 방식에 눈을 뗄 수가 없었다. 이탈리아 남부에서 본인들의 방식대로 위와 같은 티키타카식 축구를 향유하기 시작한 '마우리치오 사리' 감독과 SSC 나폴리 축구팀은 내게 너

2)   스페인어로 탁구공이 왔다 갔다 한다는 뜻이며, 짧은 패스를 많이 주고받는 축구 스타일을 의미한다.

무나도 매력적인 무언가로 다가왔다. 펩과 사리 그리고 나폴리의 이러한 축구는 성취지향, 결과 중심의 안티−풋볼[3] 그리고 나아가 효율성과 결과 위주의 자본주의적 사회 분위기에 대한 나의 반감과 자연스레 연결되었다. 이들의 섬세하고도 예술적이며 조직적인 축구 스타일은 나의 뇌리에 강한 인상을 심었고, 나는 이 시점, 즉 2017년 시절부터 나폴리 축구팀을 진심으로 응원하기 시작했다. 서울의 교실은 사리의, 과르디올라의 철학이 허용되지 않는 곳이었다. 실수는 곧 낙오였고, 낙오자는 구조에서 도태되었다. 같은 반 친구는 동료가 아니라 라이벌이었다. 목표는 같았지만, 누군가가 앞서기 위해선 반드시 누군가가 뒤쳐져야 했다. 그래서일까. 나는 점점 나폴리라는 도시 자체에 호기심을 갖게 되고 이에 더욱 빠져들게 되었다. 단지 축구팀이 아니라, 그들의 삶의 방식, 그들의 공동체, 그들이 가진 인간적인 온기에. 아직 그곳에 가 본 적도 없었지만, 이미 내 마음은 나폴리에 머물고 있었다.

[3]   반-축구, 즉 축구의 본질적 가치와 동떨어져 있는 극단적 결과 중심 축구 스타일.

첫 만남

: 사랑의 시작

"그들은 축구 하나 때문에 자신들의 도시를 찾은

지구 반대편의 소년을 어떻게 생각할까?"

"위험하고 험악하기로 악명이 자자했던 나폴리.

웬걸? 나의 두려움은 도착한 첫날부터 나폴리의 파란 저지 아래

연기처럼 사라졌다."

첫 번째
모험

시간이 흐르고 몇 년을 지구 반대편에서 앓아오던 나는, 2023년 1월 기어코 비행기에 오르고 말았다. 그들의 아름다운 축구와 낭만에 이끌려 홀로 말 한마디 안 통하는, 위험하기로 소문난 나폴리로 향한 것이다. 설렜고 두근거렸지만, 한편으로는 무섭고 두렵기도 했다. "내가 그들의 축구를 사랑하지만, 과연 그 도시의 다른 부분들도 나에게 긍정적으로 다가올까?" "그들은 축구 하나 때문에 자신들의 도시를 찾은 지구 반대편의 소년을 어떻게 생각할까?" 여러 고민이 앞서는 것이 사실이었다.

각종 고민들로 가득 차 있던 나는 이 무모한 여행(혹은 탐험)의 시작부터 놀라운 만남이 기다리고 있었을 줄은 꿈에도 몰랐다. 비행기 환승을 위해 잠시 대기하고 있던 튀르키예 이스탄불의 공항에서 당시 나폴리팀에서 뛰던 대한민국의 '김민재' 선수의 에이전트를 만나게 된 것이다. 사연은 이러했다. 도착도 전에 벌써부터 나폴리의 자부심에 들떠있던 나는 나폴리 축구팀의 유니폼을 입고 있었다. 잠시 앉아서 대기하던 중 사진을 찍는 소리가 들려 고개 들어보니, 웬 라틴계 남성이 나를 몰래 촬영하고 있었다. 왜 몰래 사진 찍냐고 묻자, 그는 자신도 나폴리로 향한다면서 김민재 선수의 에이전트임을 밝히고 함께 찍은 사진을 보여 주었다. 경계심이 호기심과 놀라움으로 바뀐 순간 그에게 해야만 할 질문들이 떠올랐다.

각종 이적시장 소식 및 김민재 선수의 소식 등을 나눈 뒤, 우리는 서로의 연락처를 공유하고 앞으로의 여정을 응원하며 헤어졌다. 시작부터 뛸 듯이 흥분되지 않을 수 없었다.

기나긴 여정 중에는 또 다른 신비한 인연도 있었다. 인천공항 → 이스탄불 국제공항 → 나폴리 국제공항으로 이어지는 나의 여정과 동선이 동일했던 한 사람이 더 있었던 것이다. 한국의 직장인이었던 이씨 형은 김민재와 나폴리를 보러 나와 같은 루트의 여정을 시작했다는 사실을 밝혔다. 이형과는 아직도 호형호제하며 잘 지낼 정도로 돈독한 사이가 되었다. 참 기묘한 인연들이 시작부터 나를 반겼다.

앞서 말했던 서울에서 이스탄불, 이스탄불에서 나폴리로의 약 15시간의 비행 끝에 도착한 낭만의 땅 마라도나[4]의 도시에서 어떤 일이 펼쳐질지 몹시 들뜨기 시작했다. 한국에서 느껴왔던 모든 무력감과 사회적 반감들이 나폴리인들 속에서 서서히 그들의 푸른색[5] 물결에 물들어 갈 줄은 이때까지도 알지 못하고 있었다.

2023년 1월 13일, 나폴리에 도착하자마자 받은 인상은 이 푸른 도시가 서울처럼 대도시가 아니라는 점이었다. 작은 공항을 나오자 자욱한 담배 연기와 함께 택시 기사들이 줄을 지어 손님을 기다리고 있었다. 유니폼 입은 나를 보자 다들 흥분하여 킴! 킴!을 외쳐댔다. 나는 손을 흔들어 답례하며, "JUVE MERDA(유베 메르다)[6]"라는 말로 화답했다. 설렘과 낯섦, 그리고 아주 약간의 두려움. 택시에 올라 도심에 들어서며 나는 바다 냄새가 짙

---

4) 아르헨티나 출신의 전설적 축구선수이자, SSC 나폴리 축구팀의 레전드 선수.
5) 나폴리 축구팀의 상징 색상이자 유니폼, 엠블럼의 주요 색깔.
6) '유벤투스 축구팀 XX놈' 이라는 의미.

은 이 푸른 도시를 처음으로 마주했다. 건물 벽의 색감, 오래된 간판, 공사 중인 거리, 투박한 인사들.

숙소는 나폴리 중심의 플레비시토 광장 근처 '피아짜 아마데오' 역 근처에 있었다. 얼른 짐을 풀고 이형과 함께 점심을 먹으러 갔다. 후술하겠지만 도착 당일이 정말 중요한 날이었기 때문이다. 이형과 같이 방문한 나폴리 3대 피자집[7] 브란디는 '마르게리따' 피자가 처음 만들어진 곳이라고 했다. 전체적인 피자의 맛은 우리나라의 그것과 매우 흡사했지만, 진한 토마토 향과 찰진 도우의 식감 등에서 원조는 다르구나하는 느낌을 받을 수 있었다.

7) '디 마테오', '다 미켈레', '브란디', '소르빌로' 네 가게 중 '디 마테오' 혹은 '브란디'가 선호별로 나뉘어 나폴리 3대 피자 가게를 의미하게 된다.

본토의 꾸르바에서 외치다,
유베 메르다!

식사 이후 이형과 나폴리 비아 톨레도, 비아 키아이아 거리 등을 돌며 구경하다 추후 만남을 기약하며 헤어졌다. 도착 당일이 중요했던 이유는 이날 저녁, 나폴리 축구팀의 가장 큰 숙적 중 하나인 유벤투스 축구팀과의 홈경기가 예정되어 있었기 때문이었다. 유벤투스는 북부 이탈리아의 토리노라는 도시를 연고로 하는 팀으로서, 크리스티아누 호날두가 몸담기도 했던 세계적인 빅 클럽이자 북부 이탈리아를 대표하는 클럽 중 하나였다.

나폴리 축구팀과 유벤투스 축구팀의 경기가 왜 중요한지 이해하기 위해서는, 이탈리아의 역사와 문화, 그리고 정치, 스포츠 다방면에서의 이해가 필요하다. 우선 북부 이탈리아 사람들의 대다수는 나폴리로 대표되는 남부 이탈리아 사람들을 차별하고 멸시하는 경향성이 있다. 이 지역감정은 부유한 북부 이탈리아와 상대적으로 가난한 남부 이탈리아의 경제적 격차, 본질적으로는 서로 다른 나라이자 왕국에 소속되어 있었던 역사적 맥락 등을 모두 고려해야 쉬이 이해가 될 만한 심각한 갈등이다. 남부의 대표적 도시인 나폴리는 '나폴리 왕국'에서부터 '양시칠리아 왕국', 그리고 현재에 이르기까지 남부 이탈리아의 수도이자 정서적 중심이었다. 사실상 역사적으로 다른 왕국, 다른 나라, 경쟁국이었던 북부의 대표적인 축구팀 유벤투스 축구팀을 역사적으로 싫어할 수밖에 없는 상황이었다. 또한 남, 북 지역갈등을 바탕에 둔 이탈리아의 문화적 차이 역시 현재까지 여전히 살아 숨 쉬고 있었다. 나는 이러한 사실들을 머리로만 이해하고 나폴리를 방문한 상태였지만, 머지않은 미래에 이를 가슴으로 이해하게 된다.

숙소 근처의 '피아짜 아마데오' 역을 통해 일찍이 경기장으로 출발하게 된 나는, 놀라운 광경을 목격했다. 첫째로 나를 놀라게 한 것은 '피아짜 아마데오' 역에 출입 개찰구 게이트가 없었다는 사실이었다. 자율적으로 표를 구매하고 찍는 시스템은 존재했지만, 이를 강제하거나 검사하는 시스템은 없었다. 무임승차 시 몇 배의 벌금을 내는 대한민국 대중교통의 엄격한 시스템과는 상대적으로 대비되는 환경이었다. 몇 개의 역을 지나 나폴리 도심 외곽 쪽의 '푸오리그로타' 지역에 위치한 '스타디오 디에고 아르만도 마라도나' 경기장에 도착했다. 경기장은 예상했던 대로 낡고 허름한 외관으로 우뚝 서 있었다. 스타디오 디에고 아르만도 마라도나는 1959년에 '산파올로'라는 이름으로 개장한 이래 나폴리 축구팀의 홈 경기장이자 나폴리 사람들의 마음속 자부심이라는 입지를 공고히 하고 있었다. 화려하거나 세련된 형태는 아니었지만, 꿈에 그리던 이 경기장에 도착한 나는 심장이 요동치기 시작하는 것을 느꼈다.

이탈리아 축구장에는 '꾸르바(CURVA)'라는 구역이 있다. 이는 영어로 치면 '커브'의 의미로, 경기장 양쪽 골대 뒤의 곡선 형태로 굽어 있는 좌석 구역을 가리키는 말이다. 그리고 역사적으로 각 축구팀의 열성적인 팬들은 이 꾸르바에 위치해 왔기에, '꾸르바'라는 단어 자체는 열성적인 축구 팬들이 위치하는 구역의 의미로 그 뜻의 외연이 확장되었다. 이탈리아의 응원 문화는 '울트라스(ULTRAS)'라는 단어로 표현된다. 파시즘에서부터 시작되어 축구팀 혹은 정치 집단을 강성적으로 지지하는 강력하고 거친 행동형 지지집단을 의미하는 단어인데, 축구장 내에서는 같은 옷을 입고 기계처럼 쉬지 않고 뛰며 노래 부르는 응원을 지향하는 문화를 나타낸다. 나폴리 축구팀의 응원단은 울트라스 꾸르바B와 울트라스 꾸르바A로 나뉘는데, 이들은 양쪽 골대 뒤에서 각자의 응원을 진행하며 스타디오 디에고 아르만도 마라도나 경기장을 뜨거운 목소리로 채우는 울트라스 집단이다.

한국 프로축구에도 울트라스적 문화가 유입되어 발전해 왔기에, 나는 한국에서 내가 지지하는 팀, FC서울의 경기장에서 이 같은 울트라스 문화를 실제로 접해 왔었다. 하지만 문화의 발상지이자 본토의 강력한 실물 울트라스를 보는 경험은 흔치 않기에, 꾸르바쪽 좌석을 예매하려고 했다. 하지만 유벤투스와의 이날 경기는 너무나 인기 있는 경기였고, 나폴리는 시즌 초부터 너무나 훌륭한 성적을 내고 있는 중이었기에, 티켓은 매진된 상태였다. 할 수 없이 조금 더 비싼 가격에 앉아서 볼 수 있는 긴 사이드 가로쪽 좌석을 예매하고 경기장으로 향했다.

한국에 있을 때 이탈리아 사이트를 통해 직구한 'JUVE MERDA' 머플러를 매고 마찬가지로 한국에서 직구한 나폴리 축구팀의 옛 유니폼을 입고 경기장 주변으로 진입하자, 많은 사람들이 나를 보고 놀라거나 반가워했다. 킴! 킴! 하며 나폴리 축구팀의 한국인 선수 김민재 선수를 외치는 사람들, 유베 메르다 머플러를 보고 자지러지듯 웃는 사람들, 모두 한데 어울려 나폴리의 승리를 위해 함께 의지를 모았다. 나는 한국에서 연습해 갔던 "E lunedì~"라는 노래를 열창했다.

이 노래는 유벤투스팀을 비하하는 노래인데, 모든 팀들이 유벤투스를 상대할 때마다 각 팀의 팬들이 즐겨 부르는 노래였다. 유벤투스가 너무나도 크고 유명한 클럽이고 역사적으로 잘못된 행위[8]를 한 사례도 제법 있으며, 이탈리아 내에서 공공의 적 같은 느낌이기에 그렇지 않을까 생각한다. 아무튼 이 노래의 가사는 월요일이 찾아와 공장에 출근했더니 유벤투스 팬이 사장에게 아부하며 유사 성행위를 하고 있었다는 다소 외설적인 내용을 담고 있는 조롱성 가사였다. 이 곡은 마지막 부분에서 그 공장이 '아녤리 가문'의 공장임을 노래하는데, '아녤리' 가문은 이탈리아의 유명 자동차 브랜

---

8)   예를 들면 '칼치오폴리' 사건과 같은 승부조작 심판매수 사건이 있겠다.

드 'FIAT'를 설립하고 운영해 온 가문이자, 유벤투스 축구팀의 회장을 맡거나 운영을 담당해 온 가문이다. 내가 이 노래를 부르자 남부 이탈리아인들이 흥분한 이유는 더 설명하지 않아도 자명할 것이다.

경기장에 들어서자, 곳곳에 태극기를 들고 김민재 선수를 응원하기 위해 찾아온 한국 팬들이 눈에 띄었다. 김민재 선수가 입단하기 전부터 나폴리 축구팀을 응원하던 나로서는 머쓱한 기분이 들었지만, 어쨌든 한국인들이 많이 와 있었고, 김민재 선수 때문에 현지인들이 나를 더욱 반겨주었다는 느낌을 받았기에, 알 수 없는 안정감이 들었다. 경기 시작 시간은 다가왔고, 양쪽 꾸르바의 나폴리 울트라스 팬들은 목소리를 높이기 시작했다. 이날 경기는 내가 여러 차례 나폴리를 방문하여 직접 관람한 나폴리 축구팀의 경기들 중 최고의 경기로 꼽을 만한 경기였다. 나이지리아 출신 '빅터 오시멘', 조지아 출신 '흐비챠 크바라츠켈리아', 코소보 출신의 '아미르 라흐마니', 마케도니아 출신의 '엘리프 엘마스' 등의 선수들이 넣은 여러 득점으로, '디 마리아[9]' 선수가 한 골을 만회하는 데 그친 숙적 유벤투스를 무려 5:1로 대파했기 때문이다. 경기장은 경기 내내 열광의 도가니였다. 말로 표현할 수 없는 나폴리 사람들의 기쁨과 환희, 지역차별에의 분노, 자신감 등이 한곳에 뭉쳐져 (나폴리의 축구팀 상징 색상인) 푸른색의 밤을 만들고 있었다.

9) 아르헨티나의 유명 축구선수.

    경기가 끝난 후에도 한참 동안 사람들은 귀가하지 않고, 응원가를 부르며 폭죽을 쏘고 승리를 자축했다. 나도 이 물결에 휩쓸려 도착한 지 반나절만에 모르는 나폴리인들과 어깨동무를 하고 응원가를 부르고 있었다. 또한 나는 경기 전 후 경기장 근처 팬들의 반응을 인터뷰하는 나폴리의 방송 'CalcioNapoli24'와 인터뷰를 하기도 했다.

　말 그대로 꿈만 같은 시간이었다. 이 과정에서 근처 야외 바에 앉아 있던 나폴리 울트라스 꾸르바B 친구들 몇 명을 만나기도 했다. 이들과 잠깐 이야기 나누며 맥주를 나눴고, 나에게 가장 따뜻한 관심을 보였던 '시모네 아멘돌라'라는 잘생긴 청년과 서로의 SNS를 교환하고 다음 경기에서의 만남을 기약했다. 모든 게 믿기지가 않았다. 내가 지지하는 지구 반대편 축구팀의 경기를 실제로 본 것만으로도 충분한 기쁨이었으리라. 하지만 이에 그치지 않고 숙적 상대로 역사적 대승을 거둔 이날 밤은 도시 자체의 축제였다. 이 경기는 나폴리라는 축구팀에겐 (구단 역량의 측면에서) 이탈리아에서 가장 큰 클럽 유벤투스와 견주어도 부족할 것이 없을 정도로 성장했다는 사실을, 나에게는 더할 나위 없이 커다란 파란색 행복을 안겨줬다. 경기가 끝난 지 몇 시간이 되었는데도 사람들은 자동차 경적을 울리며 차 위에 올라가서 깃발을 흔들고 노래를 불렀다. (후에 또 언급되겠지만) 절대 제시간에 오지 않는 나폴리의 대중교통들은 이미 끊긴 지 오래였고, 나는 부푼 마음을 안고 1시간여를 걸어서 숙소에 도착했다. 날이 어두워진 뒤라 약간 무섭기도 했지만, 나를 감동시킨 하늘색 물결이 나를 지켜주었기에 신나는 기분으로 무사히 숙소에 돌아왔다. 그렇게 나 김필진의 나폴리에서의 역사적인 첫 번째 날이 저물었다.

푸른색의 도시,
붉은색의 해프닝

　이튿날, 느긋한 마음으로 늦잠 자고 일어난 나는, 어제의 일들이 꿈이 아닌가 싶은 생각이 자꾸만 들었다. 정신을 좀 차린 이후 나폴리 시내 구경에 나섰다. 나폴리 왕국 시절의 역사 유적들과 나폴리의 수호성인 '산 젠나로'의 기념 유적, 스페인, 프랑스 왕국의 지배를 받던 시절의 유적지 등을 구경했다. 여러 미술관을 방문하기도 했다. 뭐니 뭐니 해도 가장 인상이 깊었던 것은 나폴리의 해변과 멀리 베수비오 화산이 보이는 오션뷰였다. 커피도 사 마시고 파스타도 먹고 여유로운 시간을 보냈다. 다음 경기 날이 찾아오기 전까지 시친 몸에 휴식을 주고자 휴양지 느낌이 물씬 나는 나폴리의 낭만을 마음껏 음미했다.

　이 기간들에 가장 기억에 남는 것은 먼저, 앞서 언급했던 나폴리 3대 피자 가게 '다 미켈레'에서 포장해 먹은 마르게리따였는데, 정말 맛있었다.

또 거리를 돌아다니며 여러 가지 인상 깊은 지점들을 포착했는데, 우선 이곳에는 동남아시아나 중앙아시아, 중동의 이주노동자들이 정말 많았지만, 나와 같은 피부색의 동북아인은 거의 찾아보기 힘들다는 사실을 알게 되었다. 아마 그래서 다들 나를 더욱 신기한 눈으로 바라보았던 것 같다. 마지막으로 쉬면서 거리 곳곳 돌아다니며, 남부 이탈리아의 보편적 정치 색채를 확인할 수 있었다. 길거리 여기저기에는 도시의 영웅 '마라도나'와 남미의 혁명

가, 승리의 상징 '체 게바라'의 벽화나 사진을 함께 그려놓고 같이 나열해 둔 곳들이 많았다. 또한 이탈리아 공산당의 설립자 중 한 명인 '옥중수고'의 저자 '안토니오 그람시'의 벽화나 사진들도 심심치 않게 찾아볼 수 있었다. 자본주의 무한경쟁의 대한민국에 반감을 품고 타국으로 떠나온 20대 한국 청년의 눈이 별처럼 빛나기 시작한 것도 이 무렵부터였을 것이다. 정확히 알 수는 없었지만, 경제적 빈곤과 항구도시임에 많은 이민자들이 오간다는 점 등이 이 도시의 개방성과 진보성으로 연결된 것이 아닐까 싶은 생각이 들었다.

며칠 뒤, 축구 경기가 있는 날, '매치데이'가 찾아왔다. 평일에 열리는 (리그 경기가 아닌) 컵 대회 '코파 이탈리아[10]' 16강전 크레모네세와의 경기였다. 경기장에 가는 길부터 날씨가 좋지 않았다. 남부 이탈리아의 우중충한 늦겨울을 완연히 체감할 수 있을 만한 꾸물꾸물한 날씨였다. 평일 경기였기에 비교적 밤늦은 시간에 경기가 시작되어, 경기장에 일찍 도착한 나는 딱히 할 것이 없었다. 그리하여 꾸르바B 구역 입장 게이트 앞 '가제보' 바에 앉아 사람들을 구경하고 맥주를 한잔하고 있었다. 두 모금 정도 남은 맥주캔을 움켜쥐어 구기며, 경기장을 향하여 의자에서 일어날 채비를 하던 그때, 웬 남정네 무리가 시끄럽게 웃고 떠들며 내 앞을 지나갔다. 그러다 무섭게 생긴 민머리 청년과 눈이 마주쳤다. 그는 이미 술에 얼큰하게 취하였는지 유난스러울 정도로 나를 반가워하며 소리 지르고 일행들을 나에게로 이끌었다. 이 만남이 훗날 어떤 일들을 불러올지 알지 못한 채, 나는 그들에게 인사했다. 인사를 나누자마자 대뜸 와인인지 양주인지 모를 술을 내 입에 갖다 대던 그들은, 고개 젖히라는 듯한 손짓과 함께 내 목에 술을 들이부었다. 너무 갑자기 일어난 일이라, 흥이 오를 새도 없었다. 이때 새삼 느꼈지만, 이탈리아 사람들, 그리고 나폴리 사람들은 영어를 못한다기보다 사용하지 않는 느낌이었다. 그 많은 남정네들 중 몇몇만이 영어로 나에게 말을 걸어왔기 때문이다.

이런저런 대화를 나누던 중, 처음 만났던 민머리 남성이 갑자기 흥분하

---

10)   프로팀, 세미프로팀, 아마추어팀 등이 참가하는 전 이탈리아 축구대회.

며, 나에게 "김성은! 김성은!"하며 다가와 핸드폰을 내밀었다. 그의 스마트폰 화면 너머에는 북한의 김정은의 사진이 있었다. 아무래도 나를 북한 사람으로 착각한 모양이었다. 그래서 아니라고 하고 김정은과 북한에 대한 비난을 늘어놓으려던 찰나, 민머리 친구가 "He is good leader, right?" 하고 물었다. 순간 어안이 벙벙해진 나는 무슨 말을 해야 할지 머리가 멍해졌다. 이후에 알고 보니 이들 모임 중 많은 이들이 공산주의자 또는 마르크스주의자들이었고, 북한의 실정에 대하여 자세히 알지 못하다 보니 공산주의의 탈을 쓴 북한과 김정은의 행보에 대해 긍정형 질문을 나에게 던진 것이었다. 상황을 파악한 한반도의 반사회적·반자본주의적 혁명 청년은 바로 "Lotta di Classe(계급 투쟁)"를 외쳤다. 이해를 했는지 못했는지 어벙한 표정으로 나를 바라보다 고개를 돌리는 민머리 친구(훗날 알고 보니 나보다 동생이었다…)의 뒤통수에 '김정은은 독재자이지 공산주의자가 아니다'라는 말을 전했고, 우리는 몇 마디를 더 나눈 후에 서로의 행운을 빌어주고 각자 가던 길로 나아갔다.

이날 경기는 내가 꿈에 그리던 꾸르바B 좌석 예매에 처음으로 성공한 경기였기에, 잠깐의 붉은 소동은 어느새 잊은 채 나는 부푼 마음으로 경기장에 들어섰다. 들뜬 마음으로 들어선 꾸르바였지만, 막상 들어가니 조금 주눅이 들고 무서웠다. 여자 화장실은 존재하지도 않았고, 시커먼 옷을 입은 무서운 남성들만 가득했으며, 다들 전투를 시작할 듯한 태세였기 때문이다. 주눅이 든 채로 경기장 꾸르바B 구역에 들어가 자리 잡을 만한 곳을 물색하고 있을 때였다. 누군가 내 뒤통수를 탁 하고 쳤다. 때문에 들고 있던 핸드폰을 놓칠 뻔했지만, 최대한 정신 차리려고 노력하며 뒤를 돌아보았다. 그 넓은 경기장, 그 넓은 꾸르바B 구역 내 옆자리 근처에 나에게 술을 들이부었던 그 친구들이 나를 놀란 눈으로 바라보고 있었다.

아마 서로 비슷한 생각을 했을 테다. 아 이건 운명 뭐 그런 거 아닐까? 그래서인지 이때부터 마음의 문을 급속도로 연 우리는 여러 가지 대화를 나누며 경기를 같이 보기로 했다. 간호사 '리카르도'는 머리 때려 미안하다며 먼저 사과하며 바라지도 않았던 맥주를 두 컵이나 사주었다. 철도 기관사를 준비하는 털복숭이(사실 웬만한 나폴리 남성은 다 수염을 길렀다.) '마리오 라이'는 자신도 공산주의자임을 밝히며, 나의 빨간 사상에 대해 물었다. 나중에 알고 보니 이들은 나폴리의 농구팀, 나폴리의 풋살팀을 축구팀과 함께 응원하는 모임이었지만 그때 당시에 나는 이들이 나폴리 공산주의자 모임인 줄 알았다. (너무 많은 이들이 자신의 성향이 혁명적임을 밝혔기 때문이다.) 그래서 어떻게 이렇게 인연이 연결되는 것인지 너무나 신기해하기도 했다. 아

무튼 이들과 이야기를 나누며 즐겁게 경기를 관람하기 시작했지만 너무 들
뜬 나의 마음을 진정시키기라도 하듯, 이때쯤 꾸물거리던 날씨 끝에 결국
비가 내리기 시작했다.

'크레모네세'는 이탈리아 '크레모나' 지역의 축구 팀으로 객관적인 전력에
서 나폴리 축구팀보다 한참 뒤처지는 팀이었다. 게다가 당시 나폴리는 엄
청난 경기력과 압도적인 화력으로 리그 선두를 달리던 중이었다. 그래서인
지 이날 힘을 빼 주요 선수들을 명단에서 제외하고 후보 선수들 위주로 라
인업을 꾸려 나온 나폴리 축구팀은, 승부차기까지 간 끝에 크레모네세 팀

에게 패배하고 말았다. 황당한 결과였다. 유벤투스팀을 크게 무찌른 직후의 경기라 모두가 당황스러워했다. 비는 추적추적 내리고, 말문이 막히는 패배 앞에서 우리는 무슨 말을 하고 어떤 응원가를 불러야 할지 잊어버리고 말았다. 비행기에서 내린 당일부터 축구를 본 뒤, 3~4일 만에 다시 찾은 경기장에서 비 맞으면서 응원해서인지, 내 몸 상태도 으슬으슬 불길했다. 그래서 이날은 좋은 친구들을 만난 것에 감사하기로 하곤 일찍 숙소로 돌아왔다. '클라우디오', '리카르도', '지오반니', '란젤라', '에디', '마리오' 등등 여러 친구들과 인스타그램 프로필을 교환하고 전화번호를 공유하여 왓츠앱(Whatsapp) 계정까지 서로 확인한 후 헤어졌다. 몸이 좋지 않아 뜨끈한 국물이 생각났고, 챙겨온 컵라면 한 그릇에 추위와 걱정은 멀리 떠나보낸 뒤 잠을 청했다.

KIM이 되어
선수들을 만나다!

생각해 보면 어이없는 것들이 많았지만, 도착한 첫 주부터 동양인, 특히 우리와 같은 동북아인이 거의 없었기에 한국인으로서 나는 몇몇 웃지 못할 해프닝들을 겪었다. 한번은 나폴리 축구팀의 로고가 달린 트레이닝복을 입고 거리를 지나고 있을 때, 누군가 흥분하며 달려와 사진을 같이 찍자고 요청했다. 얼떨떨한 상태로 일단 사진을 찍고 그를 떠나보내려는데, 그가 나에게 "Ciao, MinJae(안녕 민재)"라고 했다. 그제서야 깨달았다. 아 안타깝게도 그 사람은 내가 김민재 선수인 줄 알았던 것이다. 믿기지 않겠지만 진짜로 있었던 일이었다. 후에 나와 찍은 사진을 보다가 "어? 좀 다른데?" 했을지도 모르겠다. 또 다른 해프닝은 나의 이름 때문에 벌어지기도 했다. 공교롭게도 당시 맹활약하던 한국인 김민재 선수와 나는 같은 '김씨'를 성씨로 가지고 있었다. 이에 어떤 현지인들은 내 이름을 말하자, "MinJae

Fratello?"라며 김민재의 형제냐고 진지하게 묻기도 했다. 장난기가 생긴 나는 맞다고 대답하기도 했다. 사실 확인도 어려울 농담 덕에 힘들게 웃음을 참으며 그들과 대화 이어 가기도 했다.

작은 구단이었던 나폴리 축구팀에 입단하여 나폴리팀 창단 최초의 이탈리아 리그 우승과 창단 두 번째 우승을 이끌었던 전설 마라도나의 벽화를 하루에 수십 번씩 마주하며, 나는 조금씩 이 도시에 녹아들고 있었고, 이 무렵부터 내가 이 여행을 제법 제대로 즐기고 있음을 깨달았다. 박물관도 구경하고, 여러 유적들과 유물들을 관람하고, 스테이크도 먹고, 파스타와 피자는 슬슬 질려갈 때 즈음, 나는 선수단을 만나러 훈련장에 가 보아야겠다고 생각했다. 이 막연한 생각이 또 여러 가지 재밌는 결과를 안겨다줄 줄은 전혀 몰랐던 해맑은 한국 청년은 설레기 시작했다.

나폴리 축구팀의 훈련장인 'KONAMI Traning Center'은 경기장보다도 훨씬 외곽인 나폴리 근교의 외진 지역에 위치해 있었다. 그곳은 'Castel Volturno(카스텔 볼투르노)'라는 곳이었는데, 도심이나 내가 위치한 숙소 근처에서 출발하여 그곳까지 갈 수 있는 대중교통이 아예 없었다. 확실히 대한민국과 같은 시스템적 효율과 빡빡한 규칙, 꼼꼼한 체계가 없다는 게 느껴졌다. 그래도 온 김에 이곳을 들러야겠다는 생각에, 나는 큰마음을 먹고, 거금 들여 택시를 타고 카스텔 볼투르노의 훈련장으로 향했다. 시외 할증을 앞세운 택시 기사의 호소에 나는 편도 택시비로만 한화 약 10여만 원을 지출하고 낙심한 표정으로 훈련장에 도착했다. 그곳에는 이미 선수들의 싸인을 받고 함께 사진 찍기 위해 대기 중이었던 여러 명의 나폴리 사람들이 있었다. 사실상 도시 인구의 절대다수가 나폴리 축구팀의 팬인 이곳에서, 그리 새삼스러운 일도 아니었다. 택시에서 내리려는데 택시기사가 뭐라고 하는지 알 수 없는 말들을 결의에 찬 표정으로 나에게 전했다. 일단 알았다며 "Si! Si!"를 외친 나는 내심 불안했다. 엄청난 요금 때문에 미안했던 것인지 그는 나를 팬들 대기 구역에서 더 안쪽으로 데려다 놓았다. 말 그대로 선수들이 차를 주차하고 훈련장으로 들어가는 그 입구에 나를 내려주고는 사라져 버린 것이었다.

어떤 상황인지도 모르고 일단 사진부터 찍고 있는데, '외스티고르' 선수가 차를 타고 들어왔다. 바로 사진을 함께 찍고 당시 득녀한지 얼마 되지 않았던 '디에고 뎀메' 선수가 들어오는 장면을 목격하자마자 축하 인사와 함께 사진을 요청했다. 이어 '가에타노' 선수, '올리베라' 선수, '알렉스 메렛' 골키퍼, 나와 동갑내기인 '라스파도리' 선수, 그리고 우리의 든든한 주장 캐피타노(캡틴) '지오반니 디 로렌조' 선수까지 차례로 등장했다. 선수들 한 명한 명과 사진을 찍고 싸인을 받았다. 선수들은 전반적으로 친절했다. 수백억대의 몸값을 자랑하는 선수들이라고는 생각할 수 없을 만큼 얌전하고 차분한 선수들이 대부분이었다. 이들은 모두 차 타고 출근하다가 차창을 내리고 사진과 싸인의 기회를 제공했는데, 너무 놀랍고 신기했다. 티비나 게임에서만 보던 선수들과 함께 사진을 찍다니, 나폴리에 와서 느낀 또 한번의 믿을 수 없는 순간이었다.

이어 '지오반니 시메오네' 선수, '로보트카' 선수, 마라도나 시절부터 나폴리 팀의 스태프를 역임해 오신 개구쟁이 '토미' 아저씨, 잘생긴 '제르빈' 선수까지 출근했고 함께 사진을 찍었다. 싸인이나 사진의 기회를 주지 않고 그냥 지나친 선수들도 있었기에, 이제 다 출근한 건가 싶어 팬들 대기 구역으로 나와 귀가하려던 찰나 어찌 된 영문인지 자리를 뜨지 않던 사람들이 환호성 지르기 시작했다. 이들은 이곳에 여러 번 방문해서 선수들의 차 종류까지 다 알고, 선수들의 차가 들어오기 시작하면 미리 대기하며 흥분하곤 했다. 마지막으로 등장한 게으름뱅이 '빅터 오시멘' 선수는 좌전방 공격수로 많은 득점을 올리며 나폴리의 슈퍼스타이자 아이돌로 부상하고 있었다. 이에 무수히 많은 수의 팬들이 악수, 싸인, 사진을 요청했고, 운이 좋게도 나 또한 싸인을 받고 그와 함께 사진 찍을 수 있었다. 여행 시작부터 계속 우연인지 운명인지 모를 행운들이 나를 감싸고 있었다.

　이제는 정말로 다들 출근을 한 듯하였고, 숙소로 돌아갈 생각과 사진 및 싸인을 받은 흥분감이 반쯤 섞여 있던 그때, 문득 소변이 너무나 마려웠다. 앓는 표정으로 두리번거리며, 이곳저곳을 쭈뼛쭈뼛 돌아다니며, 화장실을 수소문했지만, 황량한 시골 벌판에 지어진 훈련장 근처에는 화장실이라곤 없었다. 곤란함이 상당히 많이 차오를 때쯤, 키가 크고 머리가 조금 벗겨진 아저씨가 다가와 무슨 문제가 있는지 물었다. 이내 나의 심각한 상황을 알아챈 그는, 잠시 고민하더니 자신이 막아 망을 봐준다는 손짓 하며, 풀숲 뒤에 가서 일을 보고 오라고 했다. 나는 망설일 새도 없이, 달려가 소변을 보았다. 나폴리에 도착한 이후로 가장 후련했던 순간이 이때가 아니었을까 싶다. 너무나 급박한 상황이었기 때문에, 낯선 아저씨의 도움의 손길을 뿌리치지 않고 그를 신뢰할 수밖에 없었다. 일단 급한 불을 끄고 그에게 감사 인사를 했다.

　한국의 어느 커피숍에 앉아 글을 쓰는 지금까지도 나에게 제일 많은 연락을 보내는 그의 이름은 '엠마누엘레'였다. 그는 수집광이었다. 선수들의 사진과 싸인, 각종 굿즈와 파니니 선수카드 등을 모으는 나폴리팀의 팬이었다. 그는 나의 국적이나 출신, 인종보다 내가 가지고 와 싸인을 받은 유니폼, 내가 신고 있던 신발 등에 더욱 관심이 많았다. 금전적으로 여유로워 보이던 그는 각종 값비싼 수집품들을 나에게 자랑했다. 이때 그와 함께 있던 친구들, 신발을 좋아하는 '안드로'와 뽀글머리 '로렌조 바이' 등과 대화 나누며 서로 연락처를 교환했다.

지언반니 디론레쪼 선수와

빅터 오시멘 선수와

즐거움도 잠시, 돌아갈 생각에 머리가 지끈거리기 시작했다. 때마침 어떻게 알았는지, '엠마누엘레'가 도심에서 이 먼 곳까지 어떻게 왔느냐고 물었다. 나의 과소비와 택시기사 아저씨의 저돌적 드라이빙에 대해 설명하자, 외국인이라 바가지 씌운 것 같다며 엠마누엘레는 길길이 뛰며 분노했다. 그리고는 자신의 차로 도심까지 데려다주겠다고 했다. 갑갑했던 하늘에 한 줄기 빛처럼 감사한 마음으로 그의 차에 오르려는 순간, 우리 모두는 '안드로'와 '로렌조', 그리고 '로렌조'의 여자친구가 엠마누엘레의 차에 타야 한다는 사실을 깨달았다. 엠마누엘레는 다시 절망하는 나를 위해, 아들을 데리고 선수들 만나러 왔던 어느 부부를 떠올렸다. 이내 엠마누엘레는 멀지 않은 곳에 위치한 그들의 차량을 찾아내 나의 사연을 그들에게 설명해 주었다. 나폴리는 정말 정이 많은 곳이라고 느꼈다. 젊은 부부였던 '마티아' 아저씨와 사모님께서는 몇 마디 듣지도 않고 흔쾌히 태워주겠다고 하셨다. 난 눈물이 흐르기 직전까지 도달해 있었다. 너무 감사한 마음에 마티아 아저씨의 귀여운 3살 아들과 놀아 주며 연신 "Grazie(감사합니다!)"를 연발할 수밖에 없던 나였다. 덕분에 나는 '무료로', 아니 오히려 '새로운 인연을 얻으며' 무사히 숙소로 돌아올 수 있었다.

두 개의 반도,
서로 다른 삶

　이날 저녁에는 동네의 아늑해 보이는 식당에 허기를 달래러 들어갔었다. 식당인 줄 알고 들어갔었는데, 식당이라기보다는 바에 가까웠다. 처음에는 나를 보고 싱긋 웃어 주던 중년 남녀 서너 명이 가게에 있었는데, 밥을 먹는 내 뒤로 자꾸만 중후한 아저씨, 아줌마들이 모여들었다. 사교 파티 같은 게 열리는 모양이었다. 나름 교양이 있는 사람들이 모인 것인지 이들은 따뜻한 미소와 함께 영어로 나에게 말을 걸어왔다.

　이들을 보며 나는 다소 뜬금없지만 고국의 사람들을 떠올렸다. 단적으로 비교할 수는 없지만, 동나이 때 한국 아저씨, 아줌마들은 등산복 차림으로 뜨거운 국물에 소주를 허겁지겁 들이키며 흥을 뽐냈을 것이다. 문화적 차이도 있을 것이고, 무엇이 더 우월한지 논하고자 하는 바는 아니지만, 나폴리의 중년들은, 보다 여유롭고 차분해 보였다. 이를 말미암아 생각의 폭을 넓혀보았을 때, 이는 역사적, 경제적 차이, 그리고 그 근간에 있는 지리적 · 환경적 차이에 근거한 것일 테다. 예로부터 비옥하고 비교적 살기 좋은 환경에서 살아온 나폴리 중년들의 조상들은 문명을 우리보다 훨씬 먼저 이룩하여, 경제적 풍요를 우리보다 한참 일찍 얻었을 것이다. 반면 우리네 어머니 아버지들의 조상은, 아니 나의 조상들은, 척박한 땅에서 외세의 잦은 침략을 견뎌내며, 근 몇십 년에야 비로소 경제적 강국으로 문명적, 풍요로운 일상을 얻었다. 당연히 유럽인들에게 먹고 사는 문제, 생명 · 건강, 생존 상태의 유지, 의식주의 문제 등은 한참 전의 문제였을 것이다. 풍요롭다 못해 배가 불렀던 그들은 그래서 사상과 사유를 보다 풍부하게 해낼 수 있었던 것이 아닐까 싶다. 우리 민족의 안타까운 역사와 한 많은 삶들을 그제서야 돌아볼 수 있었다.

일례로 코로나 시국에 마스크 착용을 거부한 이탈리아인들은, 권력이, 정부가 무엇인데 나에게 이를 강요하느냐는 생각이었을 것이다. 병에 걸려 죽을지언정 정권이 나의 '자유의지'를 빼앗지는 못한다고 생각했으리라. 반면 여전히 생명 유지가 최우선 과제인 우리나라 사람들은 역병의 공포를 누구보다 잘 아는 DNA적 위협 감지 시스템 때문인지는 모르겠으나, 정부의 동세와 강입에 철저히 따르고 나아가 본인들 스스로 이러한 억압과 정치적 규제를 서로에게 칼같이 강요하기에 이르렀다. 그전까지는 이탈리안들과 유러피안의 사고가 마냥 멋있고 고차원적이라고만 생각했었다. 하지만 이 식당인지 바인지 모를 곳에서의 사교 파티를 보며, 우연히 우리 어머니 아버지, 그리고 나의 조상들의 아픔과 역경을 깨닫고 느낄 수 있었다. 결코 우리 민족이, 나의 조상이 무언가 잘못해서 현재 우리나라가 천민 자본주의적, 소위 '먹고사니즘[11]'에 얽매이는 것이 아닐 것이다. 그냥 그런 곳에서 그렇게 태어났을 뿐이고, 유럽인들은 다른 곳에서 다르게 태어났을 뿐일 것이다. 나의 숙소 근처에 있는 플레비시토 광장에는 나폴리의 고대 왕궁과 박물관이 있다. 화려하고 호화스럽던 그 왕궁과 박물관을 방문하며 앞선 내 나름대로의 분석이 더욱 강렬하게 뇌리에 자리 잡았다. 이런 내 여러 상념들과 내 식탁 너머에서 들려오는 노랫소리가 버무려질 때쯤 나도 와인 몇 잔에 취해 버렸고, 파티는 끝이 난 듯했다.

11) 먹고사는 문제를 최우선 과제, 목표로 두는 사고방식을 일컫는 말.

캄파니아의 수도,
나폴리

　‘나폴리 광역시’는 이탈리아 ‘캄파니아 주(Regione)’에 속해있다. ‘캄파니아’ 주에는 여러 도시들이 있는데, 남부 투어의 대표적 코스이자 해변 쪽 지역의 ‘아말피’, ‘소렌토’, ‘포지타노’ 등을 비롯해 내륙의 ‘아베르사’, ‘카푸아’, ‘베네벤토’ 등의 도시들도 유명하다. 나폴리를 제외하고 ‘캄파니아’ 주에서 가장 유명한 도시는 아마 ‘폼페이’일 것이다. 나폴리를 상징하는 ‘베수비오’ 화산 건너 반대쪽 뒤편에 있는 도시 ‘폼페이’는 그 유명한 고대 로마 제국의 도시이자 화산 폭발로 멸망한 것으로 유명한 도시이다. 당시 폭발한 화산이 바로 ‘베수비오’ 화산인 것이다. 또한 ‘폼페이’와 멀시 않은 곳에 있는 삭은 도시 ‘살레르노’ 역시 널리 알려져 있다. ‘살레르노’에는 ‘살레르니타나’라는 축구팀이 있다. 같은 남부, 같은 ‘캄파니아주’인데도 불구하고, 아니 혹시 그 이유 때문에서인지 ‘살레르니타나’라는 축구팀의 팬들과 나폴리 축구팀의 팬들은 라이벌 의식을 가지고 있다. 두 팀이 만나는 경기는 '캄파니아 더비' 또는 '두 개의 만(gulf) 더비'라고 불리며, 각 팀 팬들 및 울트라스들 간에 폭력 사태나 유혈 사태가 발생하기도 한다.

나폴리 축구팀의 다음 경기는 '살레르노'에서 열리는 '살레르니타나'와의 원정 경기였다. 앞에 언급한 대로 두 팀의 라이벌 의식이 극에 달해있던 당시 상황 때문에, 이탈리아 축구 리그 운영하는 주최 협회 측에서, 나폴리 출신 혹은 나폴리 거주자, 나폴리팀 팬들의 해당 원정 경기 참석을 전면 금지해 버렸다. 당황스러웠지만, 나는 나폴리팀의 팬임을 숨기기만 하면 나머지 해당 사항에 해당되는 것이 없기 때문에 잔머리 굴리기 시작했다. 결국 막혀버린 원정 팬들의 구역이 아닌 살레르니타나 홈 팬들 구역의 제일 구석 자리를 예매했다. 이후 멀지 않은 '폼페이'를 구경한 후 '살레르노'로 넘어가 원정 경기를 관람할 계획을 세웠다.

'폼페이'는 도시 자체가 하나의 거대한 유적이었다. '폼페이'의 고고학 공원을 방문한 나는, 다시금 여러 가지 감상에 젖기 시작했다. 폐허가 되어버린 커다란 하나의 도시를 여기저기 누비며, 삶과 죽음, 시작과 끝에 대해 생각했음은 물론이다. 그곳에는 누워있는 채로 백골이 돼버린 폼페이인들의 모습과 각종 생활 시설들이 그대로 보존되어 있었다. 축구 경기 시작시간에 쫓기기도 하고, 가이드 없이 홀로 이곳을 돌아보기엔 정말 너무나도 광활하고 넓은 공원이었다. 사실 그 자체가 하나의 도시였으니 그럴 만도 하다. 적당히 둘러봤다고 생각하고 마무리를 했지만, 시간은 너무나 늦어져 있었다. 멍청비용[12]으로 약 12만원을 지출하고 택시를 겨우 구해 탄 뒤 '살레르노'로 향했다. 마음은 조급한데 비는 쏟아지기 시작했다. 발걸음이 무거워졌지만, 택시에 내려 빠르게 경기장으로 향했다.

나폴리에 있을 때는 나 혼자 동북아인이며, 나만 외부인일지라 하더라도, 나폴리 사람들과 같은 편이라는 무의식적 동질감이 있었기에 그렇게까지 무섭거나 두렵지는 않았던 것이 사실이다. 하지만 나의 첫 원정지 '살레르노'에서는 달랐다. 살레르노 사람들은 이날만 기다렸다는 듯이 홍염과 연막탄을 터뜨리며 흥분해 있었다. 두려움과 추위에 떨던 나의 맘을 아는지 모르는지 비는 날 놀리듯 내리다 그치다를 반복했다. 우산을 쓰고 경기장에 입장하려고 했지만, 이날 경기는 라이벌 경기임에 팬들 간 갈등의 방지를 위해 모두가 예민해져 있던 경기였던지라, 입구의 가드들이 흉기가 될 수 있는 우산을 들고 들어가지 못하게 했다. 나는 우비도 챙기지 못하였는데, 비를 쫄딱 맞아야 할 운명이었다. 일단 들어가서 경기를 보기 시작했다. 머플러와 옷 등을 뒤집어쓰고 겨우 비를 피해 가며 경기를 보았다. 그런데 문제는 이때부터였다. 상식적으로 생각을 해 보자. 나폴리 광역시에도 한국인, 아니 동북아인이 드문데, 그보다 작은 도시인 살레르노는 오죽하겠는가. 당시 살레르노의 '아레키 스타디움' 경기장 중심으로 반경 수십 내지는 수백 킬로미터 안에 한국인은 나와 김민재 선수밖에 없었을 것이다. 살레르노의 홈 팬들에게 공격당하지 않기 위해 나폴리 팬임을 숨겨

12)　어리석음으로 인하여 지출된 비용을 일컫는 신조어.

야만 했던 나는, 나름 노력했지만, 나의 피부색과 인종까지 숨길 수는 없었다. 유니폼도 입지 않았고, 각종 머천다이징과 나폴리 팀 관련 물품들을 일체 반입하지 않았다. 그런데 그러면 뭐하겠는가. 경기장 한가운데 점을 찍고 이를 중점으로 넓은 원을 여러 번 그어 봐도 그 안에 이러한 피부색을 가진 건 나와 김민재 선수뿐인 것을. 조마조마하고 걱정되며 불안한 나의 마음을 아는지 모르는지 나폴리는 '지엘린스키' 선수, '디 로렌조' 선수의 득점으로 연신 '살레르노' 사람들의 화를 돋우고 있었다. 나폴리 골이 들어갈 때마다, 아니 나를 볼 때마다 마주치는 모든 이들이 나에게 "킴?"이라고 물었다. 너무 불편하고 좌불안석할 수밖에 없는 상황이었다. 나와 김민재 선수의 인종적 공통점으로 모두가 나의 정체를 알 수밖에 없었던 것이다. '살레르노'에서 들었던 의문형 "킴?" 혹은 깨달았다는 듯한 "오우 킴!"은 나폴리에서의 그것과 받아들여짐의 과정이 사뭇 달랐다. 이런 웃지 못 할 상황속에 비는 계속 내렸고 나는 살레르노 사람들 눈치를 보며 나폴리 축구팀을 응원했다. 사실 김민재 선수와는 관계없이 나폴리 축구팀을 응원하는 것인데, 하는 생각에 조금 억울하기도 했다. 경기 결과는 나폴리 축구팀의 승리였고, 비를 쫄딱 맞은 나의 온몸은 승리하여 뿌듯한 마음과 얼른 숙소에 가고 싶다는 두려운 마음이 절묘한 비율로 뒤덮여있었다. 경기장을 나와 보니 출입하기 전 맡겨놓았던 우산은 아니나 다를까 누군가 가져가고 없고, 나는 계속해서 비를 맞으며 겨우 기차에 몸을 실었다. 숙소로 안전하게 돌아오자. 근거 없는 자신감이 생겨 두려움에 떨던 기억을 미화하기 시작했다. 하지만 추위, 보다 낯선 환경, 나의 팀을 공격하고 싶어 하는 사람들 속에서 나는 확실히 공포에 사로잡혀 있었다.

그 다음날엔 태어나 처음으로 농구장에 가게 되었다. 한국에서도 안 가 본 농구장을 일전에 만났던 '마리오 라이'와 그의 친구 '루카 디 코스탄조', 그리고 '클라우디오 디 체르보'의 초대로 방문하게 된 것이다. 앞서서 언급 했던 응원 문화 '울트라스(ULTRAS)'는 주로 팬들이 많은 축구 경기와 접목 된 사례가 대부분이다. 하지만 꼭 축구 팬만 울트라스 문화를 향유하는 것 은 아니다. 울트라스 문화의 본토 이탈리아답게 나폴리 농구팀 '나폴리 바 스켓' 팀의 경기장에는 거대한 울트라스 그룹이 실내 농구장에서 열심히 뛰고 노래하며 응원을 이어 가고 있었다. 그리고 그 멤버들은 나에게 술을 들이부었다가 나에게 공산주의자 모임으로 오해받았었던 친구들이었다. 그제서야 나는 그 모임의 정체를 알게 되었다. 이들은 자신의 도시를 너무 사랑한 나머지, 예컨대 이번 주말은 농구장에서, 다음 주 평일에는 풋살장 에서, 다음 주말에는 축구장에서 자신의 도시의 자부심이자 그들의 푸른 혼을 대표하는 자신들의 팀을 지지하고 응원하고 있었던 것이다. 나폴리 축구팀인 'SSC 나폴리', 농구팀 '나폴리 바스켓', 풋살팀 '나폴리 풋살' 모두 하늘색 혹은 푸른색을 상징색으로 사용하고 있으며, 비슷한 가치와 감성을 공유하고 있었다. 팬 그룹 역시도 많은 인원을 교집합 멤버로 두고 있었으 며, 나폴리라는 도시에의 사랑을 담은 응원곡 역시 공유하고 있었다. 경기 시간이 짧아 아쉬웠지만 축구만큼이나 다이나믹한 농구 경기의 관람과 실 내 농구장에서 이루어지는 큰 목소리와 북소리의 응원도 정말 매력적이고 신기하게 다가왔다.

느긋한 일상과
로마니스타

이 시점부터 나는 한국에 돌아가기 싫다는 생각을 했다. 축구 한 경기만 더 보면 나폴리를 떠나야 했기 때문이었다. 마라도나가 다녀간 것으로 유명해져 나폴리 사람들의 성지로 자리잡은 오래된 마라도나 벽화와 그 광장에 도착했을 때, 내가 이 도시에 물들어 가고 있음은 더욱 자명하게 다가왔다. 중간 중간 챙겨온 한국 음식을 먹어 주어서인지 식습관이나 식생활도 더 이상 낯설게 느껴지지 않았다. 나폴리에는 오가닉 음식을 취급하는 식당이나 비건 식당도 정말 많았다. 음식의 종류가 다양하다기보다는 자신들의 자부심으로 뭉쳐진 한정된 음식 종류 속에서 최대한 각자의 입맛과 식습관을 배려하고자 하는 노력이 세심하게 깃든 느낌이었다. '엠마누엘레'와 다시 한번 카스텔 볼투르노 훈련장을 찾았지만 아무 선수도 만나지 못하여 소득 없이 돌아오던 길에 들렸던 어느 시장통의 식당은 이 여행에서 제일 맛있는 기억을 선사해 주었다.

　허름한 시장을 구경하다 우연히 시장 내에 있는 식당에 들어가게 되었던 나는, 연세가 아주 많아 보이시는 할머니가 운영하시는 것을 보자마자 잘 찾아왔다고 생각했다. 요즘 '노포'라는 단어로 식당들을 설명하는 경우가 흔한데, 그곳은 정말 나폴리 노포 그 자체였다. 투명 유리 진열장에 각종 요리들을 한가득 조리해 진열해 놓고, 손가락으로 이거, 저거, 하고 고르면 먹고 가거나 포장해 갈 수 있다. 한 접시에 단돈 5유로였다. 더불어 우리나라로 치면 '오늘의 국수'와 같은 개념이 아닐까 생각이 드는, '오늘의 파스타'가 준비되어 있었다. 날마다 나오는 파스타는 랜덤이고, 똑같이 5유로였다. 가격, 맛, 분위기, 벽 한쪽에 걸려있던 나폴리 축구팀의 유니폼까지. 그야말로 완벽한 식당이었다. 아무래도 나는 비싼 음식과 우아한 분위기보다는 이런 정겨운 음식과 분위기에 더 쉽게 감동하는 편인가 보다.

　정신을 차려보니 여행은 막바지를 향해 가고 있었다. 사람들은 여전히 흥겹고 친절했으며, 해변 경치는 여전히 아름다웠고, 음식은 언제나처럼 끝내주었다. 내 남은 일정에는 AS 로마팀과의 축구 경기 한 경기만이 남아 있었고, 줄국은 다가오고 있었다. 울트라스 팬들 사이의 살인 사건[13]과 각

---

13)　대표적인 사건으로는 '치로 에스포시토(Ciro Esposito)' 사건이 있다. 2014년 5월 3일, 피오렌티나 축구팀과의 '코파 이탈리아' 컵 대회 결승전을 앞둔 나폴리 축구팀을 응원하기 위해 '치로 에스포시토'는 경기가 열리는 로마를 찾았다. 하지만 그는 나폴리 팬들을 공격하기 위해 매복해 있던 AS 로마 팬들의 습격에 당하고 만다. 로마니스타 '다니엘레 데 산치스'가 쏜 총에 맞은 '치로 에스포시토'는 결국 사망하게 된다. 이 사건으로 인해 나폴리와 로마 사이의 라이벌의식과 감정적 갈등은 극에 달하게 된다. 나폴리 울

종 폭행 사건으로 그 누구보다 사이가 좋지 않은 나폴리 팀과 로마 팀의 경기 역시 '태양의 더비'로 불리는 치열한 라이벌전이었다. 이제는 제법 익숙해진 티켓 예매 덕에 일찍이 '꾸르바B' 응원석 좌석을 구한 나는 경기 날만 손꼽아 기다리고 있었다.

2023년 1월 29일, SSC 나폴리와 AS 로마의 맞대결이 시작되었다. 경기장에 들어서자 이제는 제법 내적 친밀감이 생긴 울트라스 그룹의 무서운 친구들이 "역겹고 수치스러운 로마놈들, 수도를 불태우자!(Romano Infame! Brucerò La Capitale)"고 연신 외쳐대고 있었다. 나는 이제 거의 준-일원이 되어 버린 '클라우디오 디 체르보'와 그의 그룹(공산주의자들을 포함한 농구·풋살·축구 응원 멤버 모임)과 자연스럽게 함께였다. 그냥 한국에서 친구 만나듯 약속 시간과 장소를 정하고 만나서 같이 술을 사고 경기장에 들어간 것이다. 경기는 로마 팀이 선제 득점을 했지만, 나폴레탄 아이돌 '빅터 오시멘' 선수의 환상적인 트래핑에 이은 동점골과 경기 종료 직전 터진 '지오반니 시메오네' 선수의 역전골로 나폴리 팀이 역전승을 거두었다. 이보다 좋을 수 없었다. 역전골이 들어갈 때 나는 거의 울부짖었다. 이토록 완벽한 피날레가 있을 수가 있나 싶었다. (한국에 잼민이가 있다면 나폴리에는 귀여운 청년 '에디'가 있다고 할 수 있는데) 나보다 한 살 어린 '에디'와 두 살 어리지만 나보다 훨씬 성숙한 '다니엘레', 그리고 여자친구를 정말 사랑하는 순정파 '젠

트라스는 이 사건 이후, "CIRO VIVE CON NOI(치로는 우리와 함께 살아 있다)" 라는 가사의 노래를 부르기도 하며, '치로 에스포시토'의 어머니는 축구 팬 문화에서의 폭력에 반대하는 비영리 재단이자 사회활동 단체 'CIRO VIVE'를 만들게 된다.

나로' 등과 같이 우리는 함께 "로마놈 개XX! 그래 너!(Romano oh! Bastardo oh!)"라는 노래를 부르며 하늘색 행복을 만끽했다. 경기장 밖에는 알록달록한 폭죽의 불꽃이 하늘을 수놓고 있었다.

이튿날인 1월 30일, 쌓여있던 피로를 온몸으로 체감하며 느지막이 잠에서 깨어나, 점심을 먹고 집으로 돌아갈 준비를 했다. 막상 돌아보니 시간 가는 줄 모르는 2주가 아니었나 하는 생각이 들었다. 나를 정말 아껴 주는 친구 '클라우디오'가 숙소에서 공항까지 데려다주어 편안하게 일찍이 공항에 도착해 출국을 준비했다. 영상통화로 여러 친구들에게 작별 인사 하고, 집으로 돌아갈 채비를 했다. 진짜 집으로 돌아가는 것이었지만, 어찌 된 영문인지 집을 떠나는 것 같은 알 수 없는 감정을 느끼기도 했다.

파란색
사랑

파란색 유니폼에 대한, 나폴리에 대한, 축구에 대한 하나의 공통된 열정만으로 차를 태워준 마티아 아저씨, 맥주를 사준 리카르도, 농구장에 데려다준 마리오, 공항까지 배웅해 준 클라우디오, 그리고 그 외 나를 반기고 아껴준 수많은 나폴레타노들…. 돌아보면 이 모든 사랑의 시작은 단지 축구를 좋아하던 한 소년의 호기심이었다. 울트라스 문화의 본고장으로 익히 알려진 이탈리아, 그중에서도 위험하고 험악하기로 악명이 자자했던 나폴리. 웬걸? 나의 두려움은 도착한 첫날부터 나폴리의 파란 저지 아래 연기처럼 사라졌다. 나뽈리 중앙역 근처의 무서운 노숙사 아저씨들, 서리를 배회하는 정체를 알 수 없는 이민자 무리들, 모두 SSC 나폴리의 이름 아래 나에게 친절을 베풀어 주었음은 물론이다.

나폴리 사람들은 SSC 나폴리, 축구, 나아가 이 도시 자체를 사랑하고 있었다. 앞서 언급했듯, 나폴리에 존재하는 축구팀 SSC 나폴리와 농구팀 나폴리 바스켓, 그리고 나폴리 풋살팀까지, 이 세 개 팀의 서포터와 팬들은 그 구성원의 교집합이 굉장히 컸다. 도시를 사랑하기에 이번 주말엔 농구장에서, 평일엔 풋살장에서, 그다음 주말엔 축구장에서. 누구든 같은 사랑을 공유한다면 우리는 형제였다. 그곳에는 푸른 사랑만이 가득했기 때문이다. 자연스럽게 나는 이들의 문화와 나폴리라는 도시에의 사랑에 녹아들었다. 더군다나 이들이 사랑하는 나폴리라는 도시는 여러 가지 측면에서 나의 가치와 닮아 있었다. 길거리에 널브러진 쓰레기나 빵빵대는 차들, 거리의 노숙자들, 깔끔한 북부 이탈리아보다는 여러모로 더럽고 위험했던 것이 사실이다. 하지만 경제적 우위를 앞세워 남부 이탈리아를 차별하고 억압하는 북부 이탈리아의 사람들은 영원히 가질 수 없는 무언가가 이 나폴리에는 존재했다.

관광객들보다 노숙인이 더 많아 보였던 나폴리는 이민자가 많아서인지, 경제적 양극화 때문인지, 다시금 생각해 보아도 정말로 개방적이고 진보적인 곳이었다. 자본주의적 성취지향의 문화에 반감을 느끼며 과정과 그 과정 속에서의 행복과 낭만을 사랑하는 내 정서는 나폴리인의 그것과 크게 다르지 않았던 셈이다. 무단횡단하는 수많은 사람들, 이에 절대 화를 내거나 클락션 울리지 않는 운전자들, 운전 전에 맥주 한두 잔 정도는 기본인 친구들, 안전벨트와 과속 따위는 알 리가 없었던 사람들, 그깟 몇천 원

때문에 얼굴 붉힐 바엔 표 검사를 하지 않는 대중교통들, 아무 때나 주인장 마음 내킬 때 문을 여는 가게와 상점들, 느리고 여유 있는 얼굴들···. 빡빡하고 삼엄한 경쟁의 반도에서는 볼 수 없던 아름다움들이 눈에 들어오기 시작한 것도 그러한 생각을 하기 시작했을 때쯤부터였다. 요컨대, 이들은 과정을 향유할 줄 아는, 느리고 여유로운 낭만주의자들이었다.

나와 나폴리의 첫 번째 만남은, '여행'이라는 단어로 표현될 수가 없었으며, 그저 '사랑'의 시작이었을 뿐이다. 위험하고 볼거리도 많지 않은 나폴리에 2주나 머무는 여행객은 드물고, 그 이유가 단지 축구뿐인 사람은 더욱더 희귀할 것이며, 또 이렇게나 많은 사랑과 관심을 받은 관광객도 흔치 않을 것이기 때문이다. 자신들의 도시를 상품으로만 대하는 여행객들에의 반감은 유럽인들이 전반적으로 공유하고 있는 생각일 테다. 나폴리 길거리에서 발견한 "Tourist go home!"이라는 낙서도 이 같은 정서를 반영했으리라. 나는 낙서를 보며 생각했다. "나는 여행객이 아닌 것 같다.", "나는 이 도시를 관광하고 소비하는 게 아니라, 조금씩 사랑하게 되었구나."

　아직도 마음 깊이 뿌리 내린 나의 이 깨달음은 나폴리와 나의 만남을 완벽하게 관통하는 문장이 아닐까 싶다. 종합해 보자면, 나의 첫 번째 나폴리행은, '여행'이라기보다, '만남'이었고, 그 속에서 나는 '소비'했다기보다, 이 도시와 '사랑'에 빠지는 기분이었다. 홀로 무모하게 떠난 여정에서 많은 이들의 사랑을 받고, 잊지 못할 추억들을 얻었을 뿐만 아니라, 나의 사랑을 찾게 된 이 경험은 정말로 소중하고 잊을 수 없는 시간과 순간들의 연속이었던 것 같다. 이제 와서 생각해 보면, 이 만남과 사랑은 우연이 아니라 필연이었을지도 모르겠다.

(2)

두 번째 만남

: Campioni in ITALIA

"그리고 나는 결심했다. 나폴리로 돌아가기로."

"나폴리로의 두 번째 여정에서 나폴리는 'Campioni in ITALIA'가 되었고,

나와 나폴리 친구들의 우정은 더욱 돈독해졌다."

사랑에 빠진 소년,
챔피언이 된 나폴리

　나폴리를 처음 방문한 이후, 한국에 돌아와서도 나는 사랑에 빠진 소년처럼 끙끙 앓았다. 그곳의 사람들이 너무 그리웠고, 그곳의 음식, 그곳의 거리들, 그곳의 해변, 나폴리의 모든 것이 그립고 아련하게 느껴졌다. 첫 번째 방문에서 나의 마지막 경기였던 AS 로마와의 축구 경기 이후 느꼈던 그 차갑지만 설레는 공기와 냄새, 낯설지만 사랑스러웠던 날씨와 당시에 경험한 나의 개인적 감상과 느낌들까지. 하루도 잊을 수가 없었다. 한국에 있는 동안 나는 나폴리의 축구 경기를 지속적으로 챙겨보며, 이 같은 그리움을 달래 오고 있었다.

　한국에 돌아오자마자 다시 나폴리로 돌아갈 일정을 체크해 보고, 어딜 가든 이탈리아, 나폴리 관련된 것만 나오면 매우 흥분하며, 심지어 비디오 축구 게임에서조차도 나폴리 팀만 선택할 정도로 나의 사랑은 중증에 이르렀던 상태였다. 축구팀 SSC 나폴리는 연승 행진을 이어 가며, 리그 선두 자리를 지키고 있었다. 한국에서 매 경기 지켜볼 때마다 나폴리 팀은 승리했고, 나의 사랑은 더욱 애틋해져가고 있었다. 이 무렵 나는 나폴리 축구팀의 역대 유니폼을 수집하며, 수십 개에 달하는 유니폼 컬렉션을 완성했고, 내가 할 수 있는 모든 방법을 동원해 나폴리를 사랑하고 있었다.

한편, 한국에도 SSC 나폴리 축구팀을 응원하는 팬들의 모임과 연합이 존재하는데, 이는 수십, 수만 명에 달하는 다른 인기 클럽의 한국 팬들 수에 한참 못 미치는 2~3천여 명 수준이었다. 점점 현실로 다가오는 나폴리의 33년 만의 이탈리아 축구 리그 세리에A 우승을 앞두고 한국에 있는 나폴리 팬들 역시 들뜨고 설렜다. 이 모임에 가입되어 지금까지도 열심히 활동을 이어오고 있는 나는, 이 무렵, 서울에서 열렸던 팬들의 정기 모임에 꾸준히 참석해 나폴리에의 사랑을 한국의 다른 나폴리 팬들과 공유했다.

나폴리 축구팀은 모든 시민들과 모든 나폴리 팬들의 오랜 염원을 담아, 압도적 선두로 이탈리아의 다른 모든 축구팀을 앞지르고 있었는데, 라이벌 '유벤투스' 팀과의 원정 경기에서 경기 종료 직전 '라스파도리' 선수의 극적인 득점으로 승리를 거두며, 33년 만의 영광에 정말로 코앞까지 다가가게 되었다. 다음 홈 경기였던 '살레르니타나'와의 더비 경기에서 승리를 거두면 조기에 리그 우승을 확정 지을 수 있었던 SSC 나폴리 축구팀을 응원하기 위해, 33년 만의 우승을 축하하기 위해 한국에서도 작은 파티가 열렸다. 열 명 남짓한 한국 나폴리 팬 카페 회원들이 모여 식사도 같이하고 술도 한잔하며, 나폴리의 우승을 염원했다. 하지만 안타깝게도 이 경기는 1:1 동점으로 종료되며, 나폴리의 리그 우승 확정은 다음 경기로 미뤄지게 되었다.

다음 경기였던 우디네세 팀과의 원정경기는 비기기만 해도 나폴리 팀이 리그 우승을 확정할 수 있었다. 이 경기 역시 한국의 나폴리 팬 카페 모임

원들과 함께 시청하게 되었다. 경기는 선제골을 허용하며 끌려가던 나폴리의 공격수 '빅터 오시멘'이 동점골을 밀어 넣으며 1:1 무승부로 종료되었고, 결국 길고 길었던 기다림과 수없이 겪었던 좌절 끝에 SSC 나폴리 축구팀은 돌아온 챔피언이 되었다. 경기가 종료되자 홈팀 팬들보다도 많았던 나폴리 원정 팬들은, 경기장에 난입해 선수들을 껴안거나 기념으로 잔디를 퍼가는 등 역사의 순간을 만끽했다. 나폴리 팬들로 가득 메워진 우디네의 그라운드는 푸른색으로 물들었고, 새벽에 경기를 시청하던 나와 한국의 나폴리 팬들 머리 위에도 푸른색 하늘이 슬며시 고개를 내밀기 시작했다. 팬이 된 지 7~8여년 만에 우승을 경험한 나도 이렇게 기쁜데, 33년을 기다려 온 나폴리 사람들은 어떤 마음일지, 그간의 차별과 지역비하 속에서 어떠한 마음이었을지, 생각하다 보니 나도 모르게 울컥해지기도 했다. 나폴리가 마지막으로 이탈리아의 정상에 올랐던 1990년경에 태어난 아이는 서른 살이 넘도록 한 번도 자신의 팀이 정상에 우뚝 서는 모습을 보지 못했던 셈이다. 이러한 어마어마한 영광이 내가 방문한 해에 이루어졌다는 게 너무나 감격스러웠다. 그리고 나는 감격스러운 마음으로 결심했다. 나폴리로 돌아가기로. 그렇게 나의 두 번째 나폴리행이 결정되었다. 푸른 물결에 이미 깊게 빠져있던 나를 말릴 수 있는 것은 아무것도 없었다.

2022-23 세리에 A
나폴리 우승

깃발을 주문 제작하고, 머플러를 구매하며, 우승 기념 현수막을 제작했다. 비행기표를 예매하고 숙소를 예약했으며, 두 번째 나폴리행을 위해 여러 준비를 시작했다. 그저 설레는 마음뿐이었다. 사랑하는 이를 만나러 가는 남자의 마음, 그 자체였다. 이 여정은 단순한 귀환이 아니라, 과거와 현재, 그리고 미래가 만나는 특별한 순간이었다. 그리고 마침내 2023년 5월 30일, 나는 인천공항을 통해 나폴리로 향했다. 돌아온 챔피언이 된 나의 사랑을 만나기 위하여.

두 번째
모험

    사우디아라비아의 리야드를 경유하여 로마에 먼저 도착했다. 이번에는 기차편으로 나폴리에 들어가 보고 싶어, 로마에서 나폴리 중앙역으로 향하는 기차에 탔다. 약 4개월 만에 방문한 나폴리는 사뭇 달라져 있었다. 거리 거리마다 푸른 천과 깃발이 걸려있었고, 거의 모든 골목에 나폴리 축구팀의 3번째 이탈리아 축구 리그 우승을 축하하는 현수막 또는 걸게 등이 걸려있었다. 나폴리의 역사적인 3번째 스쿠데토[14]를 축하하기 위해 2022/23 시즌 나폴리 선수들의 등번호와 이름, 유니폼 등을 걸어놓기도 했다. 나폴리에 도착하자마자 신성한 의식 치르듯, 마라도나의 광장부터 찾았다. 사람들은 지난 1월에 방문했을 때보다 훨씬 북적였으며, 다들 들떠있는 것이 느껴졌

---

14)   방패를 뜻하는 이탈리아어로, 이탈리아 국기의 3가지 색상이 들어가 있는 방패 모양 로고이며, 이탈리아 축구 리그인 세리에A 우승 팀만이 다음 시즌 유니폼에 부착할 수 있다. 보통 이탈리아 축구 리그의 우승을 의미하는 단어로 쓰인다.

다. 마라도나와 2022/23 시즌 나폴리 우승의 주역인 조지아 출신 '크바라츠 켈리아'선수, 나이지리아 출신 '빅터 오시멘' 선수를 함께 그려놓거나 합성 해 놓은 그림과 사진이 무수히 많이 걸려있었다. 모든 사진과 그림에 나폴 리의 세 번째 우승을 의미하는 숫자 3이 그려져 있었음은 물론이었다.

수소는 도심에 위치한 '플레비시토' 광장 바로 앞에 있었다. 숙소로 향하 며 바라본 플레비시토 광장에는 거대한 무대와 좌석이 설치되고 있었다. 나폴리 축구팀이 전 이탈리아를 정복하고 챔피언의 자리에 올랐음이 다시 한번 실감되는 순간이었다. 지난번에 방문하지 못했던 나폴리의 관광지 중

플레비시토 광장과 붙어 있는 나폴리 왕궁을 방문한 후 고급 해산물 레스토랑에서 신선한 음식을 먹기도 했다. 바닷가 도시라 해산물의 신선함이 혀를 간질였음은 물론이요, 세계에서 손 꼽히는 이탈리아의 요리답게, 그중에서도 나폴리의 요리답게 너무나도 훌륭했다. 오징어 파스타와 해산물 리조또를 먹게 되었는데, 그야말로 챔피언의 맛이었다.

내가 나폴리에 돌아왔다는 소식을 들은 '엠마누엘레'는 '왓츠앱' 메시지를 보내왔다. 저녁을 함께하자는 그의 말에 그의 동생과 일전에 만났었던 '안드로' 등이 있는 한 식당으로 향했다. 고작 4개월 만의 재회였지만 그들은 나를 무척이나 반가워해 주었다. 함께 피자를 먹었는데, 새삼 나폴리에 왔음이 느껴지는 것들이 내 머릿속에 떠올랐다. 오랜만에 만나도 한결같이 피자를 사랑하는 그들의 입맛과 한 명당 한 판씩 피자를 먹는 문화가 너무나도 반갑게 느껴졌다. 이 친구들이 꼭 가져오라던 태극기를 꺼내 함께 사진을 찍고 나폴리의 아름다운 해변 '메르젤리나'에서 함께 밤 산책을 했다. 밤이 깊어져가며 귀가할 생각하게 될 때 즈음 '엠마누엘레'가 내일 함께 가볼 곳이 있다고 이야기했다. 내가 알려 준 한국어를 서툴게 활용하며, 오지 않으면

"쉬바이노므"(시X놈)이라며 웃는 그들을 뒤로하고 일단 귀가했다.

다음날 나는 다시 도심으로 나왔다. 그들이 전날 알려 준 장소로 가 보니 이탈리아 축구 리그의 후원사의 'TIM'이라는 통신사의 커다란 매장이 있었고, 사람들이 줄 서고 있었다. 줄을 서고 있는 사람들은 전부 푸른색 옷차림이었다. 줄을 훑어보며 안쪽을 들여다보니, 상상치도 못했던 것이 그곳에 영롱한 자태를 뽐내고 있었다. 나폴리 축구팀이 33년 만에 되찾아온 이탈리아 축구 리그 트로피가 그곳에 있었던 것이다. 진품임에 틀림이 없을 만큼 빛나고 있던 그 트로피와 기념사진을 찍기 위해 나도 줄의 맨 뒤에 합류했다. 내 차례가 될 때쯤 '엠마누엘레'가 도착했고, 곧 이 매장의 트로피 공개 행사가 종료된다고 알려 주었다. 마음이 급해진 나는 초조해지기 시작했고, 내 차례 직전까지 시간이 흘렀다. 내 앞 사람이 들어가려는 찰나 경비원들이 더 이상 못 들어온다며 문을 닫으려고 했다. 그러자 줄을 기다리며 나와 몇 마디 나누었던 앞뒤의 아줌마 아저씨들이 나를 들어가게 해 주라며, 소리를 지르며 항의했다. 무슨 말인지는 몰라도 "한국에서 왔는데 좀 보여줘라!"라는 식으로 이야기하지 않았을까 생각했다. 경비원은 고민하더니 문을 다시 열었고, 따뜻한 나폴리 사람들은 나에게 먼저 들어가라고 등을 떠밀었다.

이 도시의 아름다운 정 때문에 나는 한국인 최초로 2022/23시즌 이탈리아 축구 리그 세리에A 우승컵인 스쿠데토 트로피와 사진 찍을 수 있었다. 나폴리의 한국인 선수 김민재보다도 먼저 말이다. 사진을 찍고 나온 나를 뿌듯한 얼굴로 바라보고 있던 '엠마누엘레'와 함께 거리를 걷는데, 놀랍게도 나폴리 축구팀의 '제다드카' 선수가 거리를 지나가고 있었다. 우리는 달려가 사진을 요청하고, 함께 저녁을 먹자고 하였으나 선수단에 복귀해야 하는 그의 일정 탓에 식사 자리는 불발되었다. 하지만 정말 뿌듯하고 행복했던 하루였기에 나는 큰 실망 없이 숙소로 돌아왔고, 설렘 탓에 도무지 찾아올 생각을 않는 잠을 청했다.

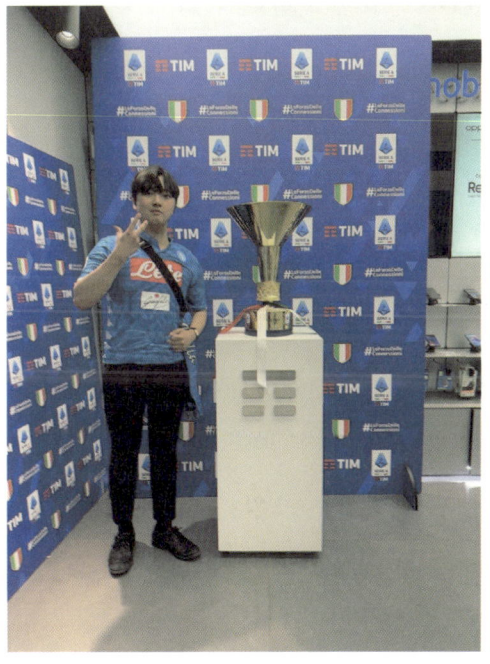

나의 두 번째 나폴리행 여정은 그리 길지 않은 일정이었다. 짧은 일정 탓에 하루하루 알차게 보내지 않을 수 없었다. 이튿날도 '엠마누엘레'와 '안드로'를 만났는데, 이들은 나를 나폴리 중앙역에서 픽업하여 '카스텔 볼투르노' 훈련장으로 향했다. 선수단을 만나기 위해 4개월 만에 다시 한 번 'KONAMI' 훈련장을 방문한 우리는 여러 선수들과 사진 찍을 수 있었다. 지난 1월에 사진을 찍지 못했던, 그 사이에 슈퍼스타가 된 '크바라도나(Kvaradona)'[15], '크바라츠켈리아' 선수와 사진을 찍기도 했다. 너무 많은 팬들이 입구에서 기다리고 있었기에 그는 우회하여 훈련장으로 들어가고자 했다. 우연히 외곽에 나와 있던 나는 정말 우연하게도 돌아서 훈련장으로 향하는 그의 차를 마주하여 사진을 요청했고, 그는 차에서 창문을 내리고 얼굴을 내밀었다. 그런데 아뿔싸! 너무 당황한 나머지 내가 핸드폰을 떨어뜨렸다. 다시 주워 핸드폰을 키려고 하는데, 시크한 얼굴의 '크바라츠켈리아' 선수는 창문을 올리고 떠나고자 했다. 당황한 나는 쫓아가며 "Io vengo da Corea!(나는 한국에서 여기까지 왔어요!)"를 외쳤다. 출발을 했다 멈췄다 한참 고민하던 그는 이내 다시 창문을 내리고 시니컬한 표정으로 고개를 내밀어 내게 함께 셀카 찍을 기회를 주었다. 나보다 한 살 어린 선수이지만 이제는 정말 세계적인 슈퍼스타가 되었음이 여실히 느껴졌다.

하지만 짧은 시간을 어렵게 나에게 나눠준 그보다 나를 속상하게 했던

---

15) '크바라츠켈리아' 선수의 뛰어난 활약에, 나폴리 축구팀의 팬들이 자신들의 전설 '마라도나' 선수의 이름과 그의 이름을 합해 만들어 그에게 붙인 별명.

인물은 다름 아닌 김민재 선수였다. 지난 1월에 이어 이번에도 싸인을 거부한 그는, 수많은 나폴리인들 사이의 나를 발견하고는 "나중에" "나중에" "훈련 끝나고"를 연신 외치며 자리를 떠났다. 뒤늦게 돌이켜보면 김민재 선수는 이때 이미 다른 팀으로의 이적을 머릿속에 그리고 있었을 수도 있을 것 같다. 자리를 정리하고 '엠마누엘레'의 차로 돌아가려는데 어떤 어린아이가 울부짖으며 어디론가 달려가고 있었다. 그곳에는 나폴리의 세 번째 영광의 순간을 안겨준 명장 '루치아노 스팔레티' 감독이 있었다. 민머리의 감독님을 보자 나도 달려가지 않을 수 없었다. 차례를 기다렸다 감독님과 사진을 찍었는데, 생각보다 키가 크셨던 감독님은 두 번째 사진 요청을 하는 나에게 귀엽다는 듯이 볼을 꼬집었다. 인자하고 따뜻한, 선생님 느낌 그 자체였다. 감독님과의 사진까지 찍은 나는 '엠마누엘레'의 배려로 그의 차를 타고 미련 없이 나폴리 시내로 돌아왔다.

도시 나폴리의 독특함과
그 속의 즐거움들

나폴리의 유흥 문화에 대해 조금 소개해 보자면, 작은 도시 크기에 비해 생각보다 번화하고 멋있다는 말로 요약할 수 있었다. 도시가 넓거나 크지 않기에, 이 도시의 젊은이들은 (주말 밤은 말할 것도 없고) 밤이면 밤마다 'Piazza Bellini'라는 광장에 모인다. 발 디딜 틈도 없이 많은 젊은이들이 모여 낭만을 나누는 이곳은 서울의 홍대거리를 압축시켜 놓은 느낌이었다. 다른 점이 있다면 이들은 술집에 들어가 술을 먹는 것이 아니라 술집에서 한 잔씩 사서 나온 뒤 길에 서서 이 사람 저 사람과 수다를 떨며 알코올의 향기에 취하고 있었다. 물론 와인과 맥주도 많이 마셨지만, 나폴리 사람들은 'Spritz Aperol'이라는 칵테일을 많이 마셨다. 이 칵테일은 이탈리아 와인을 베이스로 한 칵테일로서, 달콤하고 가벼웠으며 보통 한 컵에 1~2유로 정도 했다. 이 칵테일만 판매하는 바도 있을 정도로 이들에게는 흔한 술이었다.

여러 친구들에 이끌려 나도 이 '피아짜 벨리니'거리를 자주 찾았는데, 거의 대부분의 사람들이 젊은이들이라 재밌는 일도 많이 일어나고 사고도 잦은 곳이라는 생각이 들었다. 또 술이 있다 보니 취한 이들이 많았는데 처음엔 조금 무서웠지만 이내 적응한 나는 느긋하게 한 잔 곁들이며, 낭만의 밤을 음미하기 시작했다. 내가 이들의 밤에 어렵지 않게 녹아들 수 있었던 이유 중 하나는 '사투리'였다. 이탈리아 내에서도 나폴리의 사투리는 사실상 '나폴리어(Napoletano)'로 불리며 다른 언어로 취급받는다. 현지 친구들이 나를 많이 챙겨주었고 함께 시간을 많이 보낸 덕에 나는 나폴리 혹은 남부 이탈리아의 사투리를 조금 배울 수 있었다.

예컨대, 이탈리아어 단어 중 영어의 'guys'에 해당하는 '애들아' 내지는 '여러분', '아이들'에 해당하는 단어는 'ragazzi'이다. 하지만 나폴리에서는 이 단어를 'guagliù'라는 단어로 사용한다. "라가찌"라는 단어가 "우와리유"라는 단어로 대체되는데, 이 'gualiù'라는 단어가 정말 재밌는 이유는 그 발음에 있다. 공기를 많이 들이마시고, 한국 사람들이 "우와~"라고 하듯이 발음하는 식이기 때문이다. 이는 단어 자체가 다른 사투리의 경우이고, 나폴리 방언은 자잘하게 억양적 차이에서도 많이 드러난다. 이탈리아어에서 "기다려"라는 뜻의 단어는 'aspetta', 즉 '아스페타'로 발음되는데, 나폴리에서는 이를 묵직한 톤으로 "아슈펫"이라고 발음한다. 이처럼 나폴리의 문화와 일상을 조금씩 더 알아감에 나는 점점 더 이 도시의 사람이 되어 가고 있음을 느낄 수 있었다.

아페롤 스프리츠 (APEROL SPRITZ)

33년 만에 우리가
이 자리로 돌아왔다 !

: 이탈리아 쉿!

 길지 않은 일정 탓에 나는 나폴리에서의 두 번째 여정에서 축구 경기를 한 경기밖에 관람할 수 없었다. 내가 관람하고자 한 경기는 나폴리 선수단이 경기 종료 후 우승 메달을 수여받고 트로피를 들어 올릴 리그 마지막 경기 '삼프도리아' 팀과의 역사적인 경기였다. 그래서인지 예매가 시작되기 전부터 엄청난 관심이 쏠렸고, 심지어 한국인들 중에서도 나에게 이 경기의 티켓을 구매하는 방법을 문의하는 이들도 종종 있었다. 미리 대기하다가 이 경기 예매를 시도했던 나는 크나큰 절망에 빠지고 말았었다. 예매 당일, 티켓이 오픈되자마자 'Ticket One' 예매 사이트 접속하는 데에만 10만여 명이 대기하고 있었던 것이다. 좌절하고 있던 나에게 한 줄기 빛이 내리기 시작했다. 나의 은인 '클라우디오'가 내가 입장할 수 있는 티켓을 구해 준 것이었다. 정말 감사하고 미안하고 사랑스러운 마음에 눈물이 흐를 지경이었다. 현지인들도 못 구하는 이 경기의 티켓을 바다 건너의 내가 구하게 되었다는 사실이 정말 믿기지가 않았다.

경기 전날 준비 의식을 치르듯, 여러 친구들과 함께 나폴리 풋살팀의 경기를 보고, 마침내 경기 당일이 되었다. 일찍이 경기장 근처에 도착한 나는 늘 그랬듯, '꾸르바B(CurvaB)' 출입구 근처에 위치한 'gazzebo' 바에서 '클라우디오', '마리오', '에디', '알레시오', '다니엘레', '리카르도', 앞서 언급한 친구(훈련장을 함께 방문한 친구)와 동명이인인 또 다른 '엠마누엘레' 등 모든 친구들과 다시금 만났다. 나폴리에 두 번째로 방문한 이후 처음 재회한 친구들은 내가 다시 돌아왔음을, 약속 지켜 끝까지 도시를 지키기 위해 돌아왔음을 믿지 못하며 놀라는 눈치였다.

어찌 되었든 격한 환영을 뒤로한 채 나는 경기장 앞 이곳저곳을 둘러보았다. 우승을 확정하고, 대관식만 앞둔 이날의 분위기는 여기저기 행복이 넘쳐나는 느낌이었다. 한쪽에서는 나폴리의 팬들이 '코르테오'[16]를 진행하고 있었다. 자연스럽게 대열에 합류해, 이제는 제법 익숙한 응원가들을 함께 부르기 시작했다. 대표적인 곡 중에 하나인 'Saro Con Te'라는 응원가를 부르며, 영원히 이 팀, 이 도시와 함께할 것임을 노래했다. 이때 하이라이트는 따로 있었다. 우리는 함께 "Siamo noi~"로 시작하는 응원가를 함께 불렀는데, 이 노래는 챔피언이 된 팀의 팬들이 부르는 노래였다. 그 가사는 "Siamo noi~ Siamo noi~ I campioni d' italia Siamo noi~", 즉, "우리는 이탈리아의 챔피언이다."를 목 놓아 외치는 노래였다. 너무나 신나고 즐거웠고, 정말 환희에 가득 찬 푸른 물결이 일렁였다.

한편, 이날 나는 귀한 경기 티켓을 구해 준 '클라우디오'와 '가브리엘레' 및 여러 친구들을 위해 작은 선물을 준비해 갔다.

바로 한국에서 공수해 온 '진X 소주'였다.

---

16)   경기 전에 진행하는 행진식 응원. Corteo.

소주를 맛본 나폴리 친구들의 반응이 궁금하여 조금씩 먹여봤는데, 다들 힘들어했다. 아무래도 향이 좋은 술들을 즐기듯 마시는 친구들의 입장에서 무색무취의 알코올 그 자체인 소주는 버거웠을 테다. 소주는 한국인의 슬픔과 한이 담긴 술이라고 생각하는데, 나폴리인 친구들은 이 슬픔을 자신들이 가지고 있던 흥 나는 보드카와 위스키와 함께 섞어 나눠 마시며, 즐거움으로 바꾸어 버렸다. 홍염을 터뜨리고 노래를 부르다 마지막으로 맥주 한 잔씩 사 들고 우리는 경기장으로 입장했다. 관중석은 꽉 차 있었고, 모두 푸른 웃음을 지어 보이고 있었다. 나는 한국에서 제작해 간 우승 기념 깃발을 흔들었고, 경기 전 나폴리 축구팀의 서포터 '꾸르바B' 멤버들은 3번째 우승을 기념하는 카드섹션을 진행하기도 했다. 또 나폴리의 역사와 감성이 담긴 커다란 대형 통천을 여러 사람들의 머리 위로 내려 흔들기도 했다.

이미 확정된 나폴리 축구팀의 우승에 이날 경기 결과는 사실 커다란 관심거리는 아니었다. 하지만 이 축제를 축하하듯 나폴리 축구팀은 '빅터 오시멘'의 페널티킥 골과 '지오반니 시메오네'의 추가골로 2:0으로 삼프도리아 팀을 물리치며 대미를 장식했다. 이날의 메인 이벤트는 경기 이후였다. 열정적인 구호 제창과 호응 유도로 유명한 나폴리의 장내 아나운서가 선수들의 등번호와 이름을 하나하나 호명하고, 마침내 2022/23시즌 이탈리아 세리에A의 챔피언이 33년 만에 돌아온 'SSC 나폴리'임을 외치자, 주장 캐피타노 '지오반니 디 로렌조' 선수가 힘차게 '스쿠데토' 우승 트로피를 들어 올렸다. 폭죽과 홍염이 터졌고, 우리의 마음도 터질 것만 같았다. 파티는 오래도록 지속되었고, 나의 마음은 파란색으로 물들어 갔다. 경기 종료 후에도 나는 친구들과 함께 여기저기 바를 옮겨 다니며 파티를 즐기고 그저 마음껏 행복을 만끽했다. 이 순간 나는 외부인, 이방인, 여행객이 아니라 한 명의 나폴리 사람이었음을 자신 있게 말할 수 있다.

이날 경기 전, 내가 앉은 '꾸르바B' 반대편의 '꾸르바A' 응원석에서는 이 '꾸르바A' 멤버들이 많은 의미를 내포하고 있는 인상적인 퍼포먼스를 진행했다. 바로 우승을 상징하는 '스쿠데토' 로고가 그려진 커다란 통천을 거꾸로 펼친 것이다. 이 퍼포먼스가 시사하는 바는 꽤나 깊고 심오하다. 본디 '울트라스'로 표현되는 강성 응원 문화에서 깃발 혹은 배너를 거꾸로 들거나 거치하는 경우에는 부정적 의미를 가진다. 울트라스 그룹들은 불만이나

부정적 의미를 드러내기 위해 깃발 혹은 배너를 거꾸로 내건다. 또, 다른 팀의 다른 울트라스 그룹의 깃발 혹은 배너를 빼앗아 온 경우에도 거꾸로 들거나 거치한다. 이날 나폴리의 '꾸르바A' 멤버들은 이탈리아 축구 리그 세리에A의 우승을 상징하는 초록색, 하얀색, 빨간색의 삼색 방패 모양 스쿠데토 로고가 그려진 배너를 거꾸로 들었다. 이는 나폴리가 이탈리아 리그의 우승컵을 빼앗아 왔다는 뜻이 된다. 즉 나폴리인들은 나폴리를 이탈리아에 속한 것이 아닌 외부의 것으로 생각하고 있다는 것이다.

나폴리 사람들은 자신들을 이탈리아 사람이 아니라 나폴리 사람이라고 일컫는다. 실제로 나폴리 출신 친구에게 "이탈리아인으로서~"로 시작하는 질문을 던지자 발끈한 적도 있을 정도다. 이러한 나폴리인들의 뿌리 깊은 신념은 이탈리아의 역사와 지역주의를 함의한다. 앞서 잠시 서술했듯 역사적으로 보면 남부 이탈리아는 나폴리를 중심으로 왕국을 형성했었기에, 남부인들 대부분은 이탈리아인이라는 소속감보다는 나폴리를 거점으로 한 왕국의 후손, 즉 남부인이라는 소속감을 더 깊게 가지고 있다. 북부 이탈리아인들은 마찬가지로 반대일 것이다. 또한 역사적으로나 사회적으로나 항상 경제적 부의 격차가 남북 이탈리아 사이를 가로막고 있었던 점도 한몫한다고 볼 수 있다. 상대적으로 부유하며 대자본과 그 자본에 의해 운영되는 축구팀들을 많이 가진 북부 이탈리아인들은 상대적으로 가난하고 이민자가 많은, 시설이 낙후된 나폴리를 더럽고 미개하다며 차별해 왔다. 나폴리인들이 이탈리아에 속하기 거부하는 것만큼, 북부 이탈리아인들도 나폴리가 이탈리아의 일부임을 부정하며 혐오를 이어왔었던 것이다.

이러한 뿌리 깊은 남부 이탈리아와 북부 이탈리아의 대립과 갈등은 '꾸르바A' 멤버들의 이 퍼포먼스로 이어진 것이다. 같은 맥락에서 나폴리 축구팀을 응원하는 나폴리 사람들은 흔히 사용하는 'Campioni d'Italia' 라는 표현 대신, 'Campioni in Italia'라는 표현으로 자신들의 팀을 칭했다. 다시 말해, 나폴리 축구팀이 이탈리아'의' 챔피언이 아니라, '챔피언이 이탈리아 안에 있을 뿐'이라는 것이다. 참으로 신기하고도 묘한 현상이 아닐 수 없다. 자부심과 지역감정이 버무려진 그 어딘가 중간 지점에서 형성되어 있을 이들의 정서를 이해하게 된 것은 내가 이들과 형제가 될 수 있었던 중요한 이유 중 하나였다.

돌아온 챔피언이 된 나폴리와 함께 끝날 것 같지 않았던 도취의 밤이 지나고, 나는 며칠을 더 승리에 취해 여유를 즐기다 한국으로 돌아왔다. 두 번째 나폴리 방문에서 나는 어마어마한 결실을 보고 돌아왔다. 33년 만에 이탈리아의 정상에 오르게 된 나폴리팀을 직접 보고 응원할 수 있었던 것은 행운이라는 말로도 다 표현이 되지 않을 만큼 값진 경험이었다. 33살인 나폴리팀의 팬은 평생 자신의 팀이 우승하는 것을 보지 못하였을 것이며, 평생 그 영광을 꿈꿔왔을 것이다. 그렇게 어렵고 귀하던 스쿠데토 트로피를 이 팀을 응원한 지 7년밖에 되지 않은 내가 지구 반대편에서 날아가 직접 목격하고 만져도 볼 수 있었다니. 아직도 실감이 나지 않는다.

　나폴리로의 두 번째 여정에서 나폴리는 'Campioni in ITALIA'가 되었고, 나와 나폴리 친구들의 우정은 더욱 돈독해졌다. 너무나도 행복하고 벅차오르지 않을 수 없었다. 우리 팀은 챔피언이고, 우리들은 하나가 되었다. 이보다 더 행복한 결말이 있으랴.

　22/23시즌 이탈리아 프로축구리그는 나폴리의 우승으로 막을 내렸고, 나폴리에서의 내 두 번째 이야기도 그렇게 마무리되었다.

(3)

세 번째 만남

: 진정한 나폴레타노

"그리고는 마음속으로 외쳤다. '나는 다시 나폴리로 간다!'"

"'Io sono non e turista, Io sono Napoletano.' 'Phil(김필진)은 여행객이 아니다,

그는 진정한 나폴레타노다!'"

베수비오 화산의
승리

한국에 들어와서도 나는 우리 팀이 이탈리아의 정상에 올랐다는 사실에 뿌듯함과 감격스러움에 한동안 젖어 있었다. 우리가 자랑스러웠고, 자부심이 하루하루 넘쳐흘렀다. 지구 반대편 서울에서 나폴리를 그리며, 우리의 우승을 몇 번이고 되새겼다. 나폴리에 있을 때 축구 경기장 근처에서 우연히 만났던 '젠나로'라는 친구는 삼촌이 한국에서 나폴리 피자집을 운영하신다고 했었다. 한국에 돌아오자마자 나는 홍대에 위치한 그 피자 가게를 찾기도 했다. 메인 요리사셨던 '젠나로'의 삼촌은 자신의 조카를 어떻게 아느냐며 매우 놀라워하시기도 했다. 나폴리 팀의 우승이 확정되자마자 홍대 한복판에 펄럭였을 가게 안의 나폴리 축구팀의 머플러를 배경으로 우리는 함께 나폴리에 있는 '젠나로'와 영상통화 하기도 했다. 이처럼 첫 번째 나폴리 방문 후 귀국 시에 그랬듯, 다시금 난 한동안 나폴리 축구팀과 나폴리라는 도시에의 자부심에 빠져 살았다.

한편, 동시에 다른 마음도 내 안에 피어나기 시작했다. 나폴리 사람들과 세계 곳곳의 수많은 나폴리 팀의 팬들이 고대해 온 나폴리의 세 번째 리그 우승컵을 목도한 나는, 목표를 이룬 것 같은 후련함을 느꼈다. 솔직히 무언가 다 끝난 것 같은 느낌을 받을 수밖에 없었다. 나폴리 사람들과 나, 우리의 목표는 언제나 다른 무엇도 아닌, 다른 어떤 대회도 아닌 이탈리아 축구 리그 우승이었기 때문이다. 그 목표를 33년 만에 이뤄내는 장면을 목격했으니 김이 빠질 만도 했다.

막대한 자본으로 운영되는 팀이 아니기에 나폴리 축구팀도 스타 선수들을 묶어 두는 데에 어려움을 겪고 있었다. 한국의 나폴리, '통영' 출신 김민재 선수는 진작에 나폴리를 떠나기로 되어 있었고, 여러 핵심 선수들은 엄청난 주급을 제시하는 대단한 명성의 팀들과 연결되며 이적 루머들이 퍼지고 있었다. 한국의 축구 좀 안다는 친구들은 이제 나폴리 팀은 공중분해가 되는 게 아니냐며 나에게 장난스레 아는 체를 했고, 웃으며 받아친 나였지만 속은 타들어 가고 있었다. 설상가상으로 대체 선수 영입도 난항을 겪으며, 우승 직후 나폴리 축구팀은 급속도로 달라지고 있었다. 무엇보다 우승을 이끈 명장 '루치아노 스팔레티' 감독이 팀을 떠나게 되었다는 점이 치명적이었다. 일각에서는 운영진과의 마찰이 있었다는 등 온갖 루머가 떠돌았고, 팀 분위기는 내-외부 적으로 뒤숭숭했다. 한국에 머무르고 있었지만 몇 안 되는 한국의 나폴리 팀 팬들과 함께 실시간으로 비시즌 뉴스를 접하고 있던 나 역시도 심란하긴 마찬가지였다.

　새 시즌에 착용할 새 유니폼이 공개되고 어느덧 디펜딩 챔피언으로서의 새로운 시즌 시작이 다가왔다. 나폴리 축구팀의 새 유니폼에는 우리가 그렇게 고대하던 삼색 방패 모양의 스쿠데토 패치가 가슴 한가운데 자랑스레 붙어 있었다. 심지어 원정 유니폼에는 베수비오 화산[17]의 모습이 흑백으로 새겨져 있었고, 화산의 꼭대기 부분에 스쿠데토 패치가 위치하여, 마치 화산에서 스쿠데토가 뿜어져 나오는 듯한 느낌을 주었다. 베수비오 화산에 관한 이야기를 잠깐 하자면, 먼저 나폴리를 소개할 때 빼놓을 수 없는 상징물이라고 말해야겠다. 나폴리라는 도시의 탄생 설화 중 하나에 따르면 '파르테노페[18]'라는 인어와 서로 사랑한 '베수비오'라는 켄타우로스[19], 그리고 '파르테노페'를 흠모하며 이들을 시기해 둘을 떼어놓고자 '베수비오'를 화산으로 만든 제우스의 이야기가 전해진다. 이후 슬퍼하다 자살한 '파르테노페'의 시신은 파도에 떠밀려 현재 나폴리의 위치에 하나의 도시가 되어 영원히 산이 되어 버린 '베수비오'를 바라본다는 내용의 설화가 유명하다. 베수비오는 파르테노페이[20]로 스스로를 칭하는 나폴리 사람들과 떼려야 떼어

---

17)　이탈리아 캄파니아주에 위치한 산. 폼페이를 멸망시킨 화산으로 가장 유명하다고 할 수 있다. 1944년 분출한 이후로 화산은 멈춘 상태라고 한다. 나폴리 사람들은 자신들을 이 베수비오 산의 아들들이라고 칭한다.
18)　나폴리의 옛 이름.
19)　고대 그리스 신화에 나오는 상반신은 사람의 모습이고 하반신은 말인 상상 속의 생명체.
20)　도시 '파르테노페'에 사는 사람들.

낼 수 없는 영속적인 사랑의 관계인 셈이다.

현지 친구에게 전해 들은 또 다른 설화에서는 '베수비오'가 화산이 되자 함께 있던 '파르테노페'가 용암에 의해 죽고 이때 화산에서 분출되어 나온 것들이 도시를 만들었으며 그래서 나폴리의 옛 이름이 '파르테노페'라고 한다. 이처럼 '베수비오' 화산은 나폴리인들의 심장 속에 영원히 활활 끓어오를 나폴리의 상징 그 자체였다. 하지만 나폴리를 싫어하는 다른 지역의 이탈리아인들은 이 '베수비오' 화산이 다시 폭발하여 나폴리인들이 다 죽기를 바란다는 식의 발언들을 서슴치 않고 내뱉는다. 심지어는 이탈리아 가수 '갈라'의 노래 'Freed From Desire'를 개사해 "Vesuvio erutta, Tutta napoli è distrutta(베수비오 화산이 터졌다. 나폴리 전체가 파괴되었다.)"라는 식으로 나폴리를 조롱하고 혐오하는 것이 하나의 문화가 되어 버렸다. 이에 나폴리인들은 22/23시즌 나폴리 축구팀이 승승장구하자, 이 노래, 이 가사를 그대로 받아 부르며, 자신들을 조롱하는 이탈리아인들을 비꼬는 특유의 아이러니컬한 모습을 보이기도 했다. 이런 유구한 역사와 논란을 가진 '베수비오' 화산을 유니폼 한가운데 당당히 넣어 우리의 정체성을 당당히 자랑스레 내세운 나폴리 축구팀의 새 유니폼은 그야말로 자부심 그 자체였다. '스쿠데토' 패치와 '베수비오' 화산에 대한 부분을 제외하더라도 나폴리의 새 유니폼은 상당히 세련되고 아름다웠다.

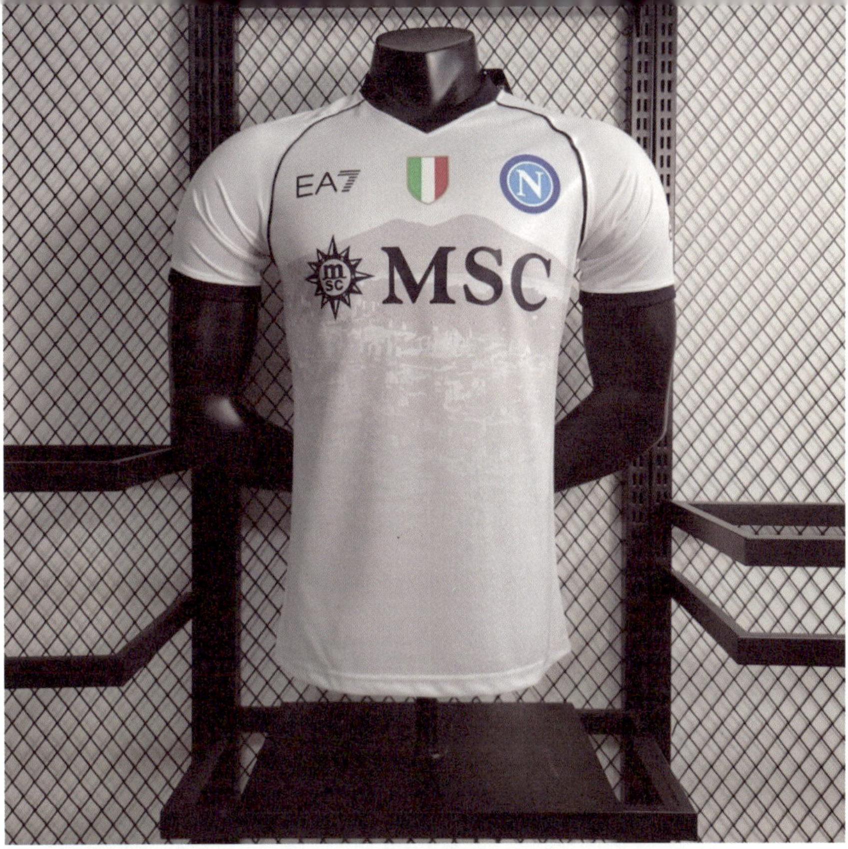
EA7
MSC

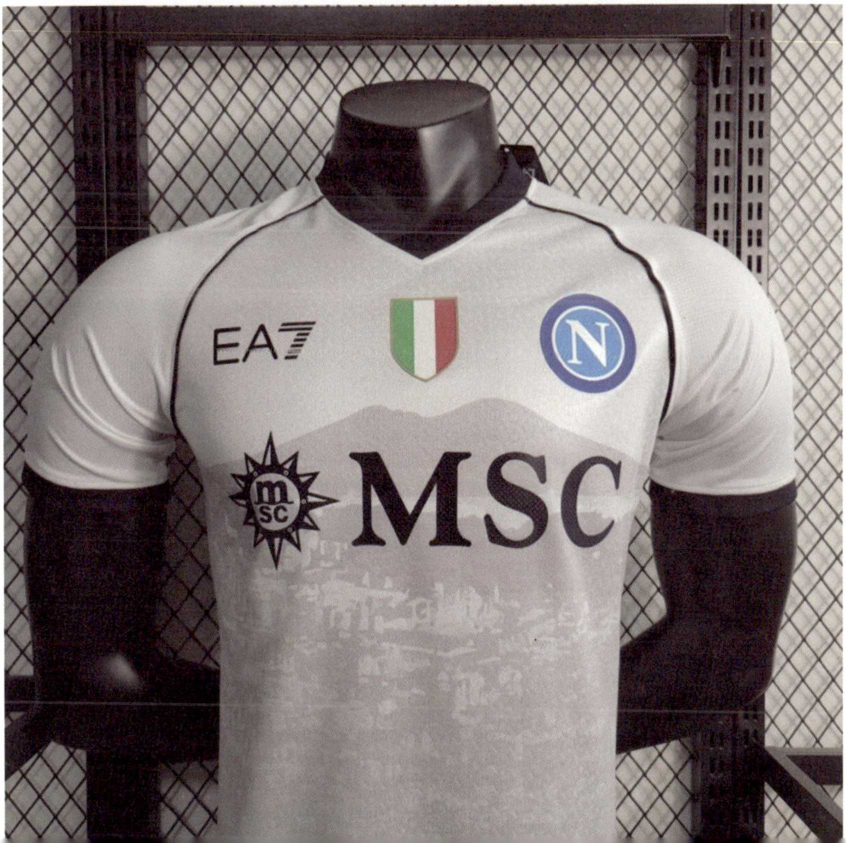
EA7
MSC

추락하는 나폴리를
사랑으로 어루만지다

본론으로 돌아와, 아름다운 새 유니폼과 함께 시작된 디펜딩 챔피언 나폴리 축구팀의 새로운 시즌은 유니폼처럼 아름답지만은 않았다. '루치아노 스팔레티' 감독의 뒤를 이어 새로이 부임한 '뤼디 가르시아' 감독은 선임 자체부터 팬들의 불만을 낳았다. 커리어가 내리막에 있던 '가르시아' 감독을 선임하자 새로운 명장의 부임을 기대했던 나폴리 사람들의 걱정과 불안이 터져 나온 것이었다. 챔피언스리그[21]와 리그에서 오락가락하는 경기력과 성적을 보이던 나폴리 축구팀은 결국 2023년을 넘기지 못하고 11월 '뤼디 가르시아' 감독을 경질한다. 후임으로는 2009년부터 2013년까지 팀을 이끌었던 '왈테르 마짜리' 감독을 선임하게 된다. 솔직히 개인적으로는 성에 차지 않는 후임자였지만, 현지의 나폴리 팬 친구들은 '마짜리'가 감독이었

---

21)   유럽 축구클럽 대항전. 유럽 클럽 축구대회 중 가장 권위 있는 대회.

던 지난날들과 자신의 과거를 떠올리며 향수에 젖으며 그의 선임을 반기기도 했다. 하지만 '마짜리' 감독 역시 반전을 만들지 못하며 3개월 만인 2024년 2월 경질된다.

이후 '마우리치오 사리' 감독 시절과 '루치아노 스팔레티' 감독 시절 나폴리 축구팀의 코치를 역임했던 '프란체스코 칼조나' 감독이 부임한다. 그는 선임 당시 슬로바키아 국가대표 축구팀의 감독이었는데 임시로 나폴리 축구팀 감독을 함께 겸하는 조건으로, 다시 나폴리로 돌아왔다. 한 시즌에 한 팀을 맡는 감독이 3명이 되는 사상 초유의 사태가 벌어진 것이다. 나폴리 축구팀은 그만큼 극도의 부진에 시달리고 있었다. 바로 직전 시즌 우승한 디펜딩 챔피언이라는 게 믿기지 않는 경기력과 결과들의 연속이었다.

서울에서 나폴리의 모든 소식을 실시간으로 지켜보고 있던 나 역시 심란하고 마음이 좋지 않았다. 한국 친구들은 나폴리가 원래 자리로 돌아간 것이라며 나를 놀리기 일쑤였고, 이제 나폴리에 대한 마음을 접으라며 나에게 조언하기도 했다. 이맘때쯤 나도 나폴리 축구팀에 대한 불만으로 가득 찬 나날들 속에 있었기에, 정말 말 그대로 심란하고 혼란스러웠다. 매주 경기를 챙겨보며 스트레스 받을 바에는 잠시 응원을 중단할까 하는 생각이 있었던 것도 사실이었다. 그렇게 고민을 이어오고 있던 중, 문득 나폴리에 있는 '클라우디오'와 '엠마누엘레'와의 채팅 내역을 보게 되었다. 스크롤을 쭉 올리며 함께 나눈 대화를 톺아보던 나는, 문득 그들에게 미안한 마음,

그리고 감사한 마음이 들었다. 그리고 이내 고개를 들고 벌떡 일어났다. 방으로 달려가 컴퓨터를 켰다. 그리고는 마음 속으로 외쳤다. "나는 다시 나폴리로 간다!"

이내 비행기 티켓을 예매했고, 격앙된 마음에 아예 숙소 50여 일치를 예약했다. '나폴리에서 살아보기', '나폴리 한 달 살이'를 결정한 것이다. 말 그대로 또 한 번의 무모한 결정이었다. 하지만 그 순간에도 지금도, 나에게는 너무도 당연한 결정이었다는 생각에는 변함이 없다. 내가 세상의 벼랑 끝에 몰려 정말 너무나 힘들 때 다짜고짜 찾아간 나폴리에서, 사랑과 우정이라는 이름의 든든한 위로를 받았기에 나는 이 사랑을 되갚아야겠다고 생각했다. 내가 힘들 때 나를 받아 주고 무한한 사랑을 주었던 도시와 사람들에게 이제는 내가 사랑을 줄 차례라는 생각뿐이었다. 지독한 부진에 빠져 있던 나폴리 축구팀과 좌절하고 있을 나폴리의 사람들을 도우러 한국의 나폴레타노가 출동하기로 마음먹었다. 두 번째 방문 이후 꾸준히 이어오던 아르바이트로 번 비용을 숙소와 비행깃값에 모두 탕진했지만 단 한 점의 후회도 없었다.

세 번째
모험

2024년 2월16일 나는 이스탄불 국제공항을 거쳐 나폴리에 도착했다. 날씨는 맑았고 여느 때처럼 '베수비오' 화산은 나를 반겼다. 첫 나폴리 방문 때 이스탄불 공항에서 만나 친해졌던 나폴레타노 '케이반'과 도착하자마자 '피아짜 벨리니'로 가 반가움의 한잔을 즐겼다. 이번 세 번째 방문은 체류일 수가 제법 길어, 가격이 저렴한 게스트 하우스 형태의 도미토리 숙소를 예약하게 되었었다.

숙소에 도착하자 게스트 하우스의 주인이자 속옷까지 나폴리 축구팀의 로고가 그려진 것을 입는 나폴리 팀의 얼혈팬 '토니'가 나를 반겨주었다. 이내 그가 나를 내 침대로 안내했다. 그런데 정말 깜짝 놀라지 않을 수 없었다. 최소한의 구분은 되어 있는 도미토리를 예상했는데, 그냥 내 침대 바로 옆에 다른 친구가 자신의 침대에 누워있었다. 위층과 우리 층은 천장이 뚫려 연결된 형태였고, 이 한 방에는 6명이 묵는 시스템이었다. 아무래도 한 국적 정서와는 조금 거리가 있는 낯선 이들과의 동침. 당황해 얼어붙은 나는 일단은 짐을 풀었다. 내 옆 침대에는 베네수엘라에서 온 '카를로스'라는 친구가 있었다. 그는 나폴리 피자를 배워 자신의 고향에 피자 가게를 차리기 위해 나폴리에 왔다고 했다. 또 위층에는 양복을 배워 양장점을 차리고자 나폴리에 체류 중이었던 일본에서 온 '료타'가 있었다. 그는 자신의 이탈리아 이름이 '피노'이며 '피노'라고 불러달라고 했다. 두 친구 모두 이탈리아어를 제법 할 줄 아는 눈치였다. 출신도 다르고 목적도 다른 두 친구가 만화 속 주변 인물들처럼 나를 기다리고 있었다. 나와 비슷한 시기에 '토니'의 숙소에 도착한 독일인 '다니엘'도 얼마 지나지 않아 만나게 되었는데, 그는 나폴리에서 인턴 생활 중인 예비 변호사였다. 이렇게 세 명의 친구들만이 나처럼 장기 투숙하는 멤버들이었으며, 나머지 침대에는 짧게 나폴리를 방문한 여행객들이 잠깐잠깐 묵었다 나갔다를 반복하는 모양이었다.

이튿날 일정은 바로 축구 경기를 보러 가는 것이었다. 위기에 빠져있는 나폴리 축구팀을 응원하고 지원하기 위해 9,000여 km를 날아온 나는 곧장 친구들과 합류하였다. 오랜만에 만나는 '시모네'와 친구들과 맥주를 나눠 마시고, '클라우디오', '리카르도', '지오반니' 등의 나와 친한 친구들의 그룹에 합류하였다. 한국에서부터 가져온 참X슬 소주와 나폴리 친구들이 즐겨 마시는 이탈리아 맥주 '페로니'를 함께 들이킨 후 경기장에 입장했다. 언제나처럼 '꾸르바B'에서 나폴리를 노래하기 위해 자리했다. 이제는 제법 익숙해진 느낌이었다. 경기는 방문 전 익히 예상했듯 졸전 그 자체였다. 상대적 약팀인 '제노아'를 상대로 겨우 1:1 무승부 거두는 데 그친 것이다. 앞서 설명했듯, 이 경기 직후 '왈테르 마짜리' 감독은 경질되었다. 어쩌다 보니 '마짜리' 감독의 마지막 경기를 보게 된 셈이었다.

나폴리 축구팀의 부진으로 김이 좀 빠지긴 했지만, 나는 오랜만에 돌아온 나폴리에서의 시간을 마음껏 즐기기로 마음먹었다. 그래도 몇 번 방문했다고 지리도 제법 눈에 익기 시작했고, 두려움과 걱정은 사실상 사라진 상태였다. 아름다운 '메르젤리나' 해변도, 언제 먹어도 진한 토마토소스 맛을 자랑하는 나폴리의 '마르게리따' 피자도, 모두 그대로였다. 저녁엔 주로 친구들과 어울려 다니며 나폴리의 음주 문화를 즐겼다. 어느 저녁엔 '클라우디오'와 그의 그룹, 친구들과 함께 '아페롤 스프리츠(Aperol Spritz)'를 마시러 가기도 했다. 앞 장에서 설명했듯이, 이 '스프리츠'라는 칵테일 음료는 화이트 와인과 아페롤 혹은 다른 종류의 달콤한 액상 원액, 그리고 물 또는 사이다를 섞어 만드는 이탈리아의 대표적 칵테일 중 하나다. 이탈리아 전역에서 즐기는 음료인 이 '스프리츠'를 어떤 지방에서는 식전에 마시기도 하고, 어떤 지방에서는 식후에 마시며, 그냥 긱대일치럼 미시는 지방도 있다고 한다. 나폴리에서는 이름 자체가 '스프리츠 바'인 전용 바도 있었고, 대개 종이컵 한 컵에 단돈 1유로 정도로 판매되곤 했다.

여유로운 나날들을 보내는 와중, 고대하던 나폴리 축구팀의 새 유니폼도 구매하고, 며칠 뒤 그 유니폼을 입고 다시 경기장을 찾았다. 이 경기는 내 인생 최초의 '챔피언스리그[22]' 경기였다.

상대팀은 과거 '리오넬 메시'의 소속팀으로 유명한 스페인의 'FC바르셀로나' 팀이었다. 나폴리의 전설이자 아르헨티나의 전설인 '디에고 마라도나'가 이 팀에서 뛰기도 하여, 나폴리와 바르셀로나의 경기는 마라도나 더비로 주목을 받기도 했다.

나폴리 축구 팀의 팬들은 챔피언스리그 경기가 열릴 때면, 경기 전 연주되는 챔피언스리그 주제가의 끝부분 "더 챔피언스(The Champions)"라는 가사를 큰 목소리로 다 같이 소리치는 것으로 유명하다. 영상으로만 보던 그 압도적인 함성을 직접 경험할 수 있는 내겐 너무나도 소중한 첫 챔피언스리그 경기였다. 선수들이 입장하고 챔피언스리그 주제가가 연주되기 시작했다. 심장이 쿵쾅거리는 것이 느껴졌다. 이내 나는 수만 명의 나폴리 팬들과 함께 '더 챔피언스'를 목 놓아 외쳤고, 정말 행복하고 후련하며, 알 수 없

22) 유럽 클럽 간 대항전. 각 유럽 리그에서 상위권에 든 팀들이 모여 치루는 대회로서 유럽 클럽 축구계에서는 가장 큰 명성과 영향력을 가지고 있다. 말 그대로 제일 권위 있는 대회라고 할 수 있다.

는 묘한 쾌감이 들었다. 경기는 바르셀로나의 '레반도프스키'의 선제골, 그리고 십여 분 뒤 터진 나폴리 '빅터 오시멘'의 동점골로 1:1로 종료되었다. 텔레비전과 유튜브로만 보던 꿈만 같은 별들의 무대 'UEFA 챔피언스리그'를 두 눈으로 직접 보게 된 나는 결과와 상관없이 황홀함을 느꼈다. 경기 내용과 결과는 다소 아쉬운 부분이 없지 않아 있었지만, 행복한 마음으로 숙소로 돌아와 잠을 청할 수 있었다.

'독일 정신'과 나폴리,
서울의 상반된 가치

며칠 뒤엔 숙소에 독일인 친구 '다니엘'의 독일 친구들이 놀러 왔다. 딱딱하고 재미없을 것이라는 독일인에 대한 나의 편견을 깨부수기라도 하듯, 그들은 벌겋게 취한 얼굴로 귀가한 나를 격하게 반겼다. 생각해 보면 '다니엘'부터 즐길 줄 아는, 흥이 많은 친구였던 것이었다. 역시 '유유상종'이 아닐 수 없었다. 이 유쾌한 친구들 덕분에 나는 즐거운 시간을 보내며, 아름다운 기억들을 많이 만들 수 있었다. 나폴리에 있는 모든 나의 친구들은 나를 본명인 '김필진'이 아니라 '필(Phil)'이라고 부른다. 이는 나의 인스타그램 아이디에서 시작되었는데, 나의 본명 중 다소 특이하며 흔치 않다고 할 수 있는 '필'이라는 글자와 나의 전공이자 내가 나아갈 길인 '철학'의 영어 단어 'Philosophy'의 앞부분을 결합해 'phil__jin'으로 인스타그램 아이디를 설정함에 그 시발점을 두고 있었다. '다니엘'을 보러 온 독일 친구 중에는 이름이 정확히 'Phil'인 친구가 있었고, 이를 계기로 그와 매우 가까워지며 짧은 시간 동안 많은 이야기를 나눌 수 있었다. 더불어 내가 가장 좋아하는 철학의 분야 역시 '독일 철학'이었기 때문에, 독일의 철학과 전통, 독일의 역사와 독일적 정신에 대해 심도 있는 이야기를 많이 나누게 되었다.

아무래도 독일인에 대한 (고지식할 것이라는) 편견에는 이 독일 정신도 연관이 있다는 생각이 들었는데, 'Phil'도 이 의견에 동의하며, 독일 철학의 근간이 되는 독일인의 정신과 계보학적 전통적 관념에 대해 이야기해 주기도 하였다. 몇 년 전 전공 수업 '신비주의와 독일철학' 강의에서 배웠던 내용에 따르면, 독일의 철학적 전통은, 여러 왕국으로 갈라져 있었던 역사의 지리적 특성의 영향으로, 통합과 관념적 화합, 합일 등을 추구한다고 한다. 아무래도 이러한 부분이 다소 차분하고 (다른 유럽 국가보다) 상대적으로 개인의 특성이 두드러지지 않는 독일인의 정신적 문화를 만든 것이 아닌가 하는 생각이 들었다.

　이 무렵 '다니엘'을 필두로 함께 몰려다니며 나폴리의 곳곳을 즐기던 우리는, 어느 바에서 옆 테이블에 있던 '프란체스카', 그리고 그녀의 친구들과 친해지게 되었다. 이들과 가까워지며 나는 '나폴리 페데리코 2세 대학교'에 다니는 등 예비 사회인으로서의 다양한 젊은 나폴리인들을 만날 수 있었다. 그들과 시간을 보내며, 같은 20대로서, 나폴리와 서울을 비교해 볼 수 있었고, 여러 가지 측면에서의 공통점과 차이점을 느낄 수 있었다. 보통 그들과 내가 공통적으로 가지고 있던 부분들은 세계를 지배하고 있는 시스템이나, 자본주의 등 근원적 메카니즘의 피대상자로서의 지위와 관련되어 있었다. 예컨대, 먹고사는 문제와 학교, 취업 등의 문제와 같은 부분에서 일

맥상통한다는 느낌을 받을 수 있었다. 반면 확연한 차이를 느꼈던 부분은 문화적, 민족적, 국가적 맥락에서의 특성들이었다. 느리고 여유로운 나폴리 사람들과 무엇이든 '빠르게'를 외치는 바쁜 서울 시민들의 모습이 머릿속에서 가장 크게 대조되었다.

사수올로
원정기

아무튼 나는 현지에 거주하는 나폴리인으로서의 삶에 녹아들고 있었고, 어느새 나폴리에서의 일상은 익숙하고 당연하게 변해가고 있었다. 슬슬 지루함을 느낄 타이밍에 나는 또 다른 모험을 준비하고 있었다. 이탈리아 중북부에 위치한 '레지오 에밀리아(Reggio Emilia)'를 연고로 하는 이탈리아의 축구팀 '사수올로 칼치오'와 나폴리 축구팀의 경기를 보러 갈 계획을 세운 것이다. 이 경기는 나폴리에서 열리는 홈 경기가 아니라 '레지오 에밀리아'의 '마페이 스타디움(Stadio Mapei)'에서 열리는 나폴리 축구팀의 원정 경기였다. 50여 일간의 일정 속에 최대한 많은 나폴리 축구팀의 경기를 관람하고 응원하기 위해, 나는 처음으로 캄파니아 밖의 원정 경기까지 따라갈 결심을 한 것이었다.

'레지오 에밀리아'에서 조금 떨어진 곳에는 '피사의 사탑'으로 유명한 도시 '피사(Pisa)'가 위치해 있는데, 여행 속 여행을 떠나는 김에 '피사'도 방문하기로 마음을 먹었다. 2월 27일, 이탈리아의 자랑 중 하나인 '뜨레니 이탈리아' 기차를 타고 '피사'로 향했다. 몇 시간의 여정 끝에 도착한 '피사'에서 '피사의 사탑'을 찾아갔다. 실물을 보니 미디어에서 보던 것보다 조금 더 크게 느껴지는 탑이었다. 다들 그러하듯 기울어진 탑을 손으로 받들고 있는 듯한 착시를 일으키는 사진을 찍고 박물관을 둘러보았다. 솔직하게 말해서 숙소를 잡고 하룻밤 '피사'에서 보냈지만, '피사의 사탑'을 제외하고는 딱히 관광할 만한 것은 크게 없었던 것 같다.

다음날, 다시 기차를 타고 축구 경기 보기 위해 '레지오 에밀리아'로 향했다. 출발 전 플랫폼을 찾던 와중에 저 멀리 푸른 옷과 액세서리들로 온몸을 휘감은 남성 둘이 보였다. 알고 보니 그들도 타지에 거주하는 나폴리인들이었다. 그들도 경기 보러 간다는 이야기를 들으니 정말 타지에서 고향이 같은 사람을 만난 듯 몹시 반갑기 그지없었다. 잠시 수다를 떨다 이들처럼 나도 나폴리 축구팀의 엠블럼이 그려진 머플러를 목에 두르고 함께 기차에 오르니, 마치 내가 원정길을 떠나는 현지 나폴레타노가 된 듯한 기분이 들었다. '레지오 에밀리아'에 도착해 경기장으로 가는 버스를 타려는데 비가 내리기 시작했다. 어렵사리 버스에 탑승해 경기장을 향해 나아가는데, 좁은 시골길에 비까지 오니 차가 꽉 막혀 움직이질 못했다. 경기 시간은 다가오고 있었고, 한참 그렇게 도로에 갇혀 있던 와중에 버스 기사가 뭐라고 외치더니 모든 이들이 버스에서 내려 걸어가기 시작했다. 눈치껏 따라 내려 빠른 걸음으로 걸어 겨우 경기 시작 전에 경기장에 도착할 수 있었다.

이날 경기는 이전의 나폴리 방문 때 만났던 그룹의 일원 중 한 명이자 나의 친구인 '엠마누엘레'(훈련장에서 만난 친구와 동명이인이었던 다른 친구)와 함께 관람하기로 약속 되어 있었다. 나폴리에서 떠나와 근처에서 일하고 있는 그와 만날 장소를 정하고 그를 기다리고 있는데, 빗줄기가 서세지기 시작했다. 우산 쓰고 경기를 볼 수도 없는 노릇이니, 마침 근처에서 우비 팔고 있던 상인에게 다가가 우비를 구매했다. 처음에 빨간색 우비를 건네길래, 서툰 이탈리아어로 "아주로! 아주로!(파란색)"를 외쳤다. 어리둥절한 표정 짓던 그는 곧 너털 웃음을 보이고는 내게 파란색 우비를 건넸다. 잠깐 쓰고 버릴 우비였지만 나폴리 팀의 상징 색깔 푸른색을 찾는 나의 모습에서 내가 진정한 나폴레타노가 되어 가고 있음을 발견할 수 있었다.

'엠마누엘레'가 도착하고, 반가운 인사를 나눈 뒤 원정 팬들을 위한 좌석(Settore Ospiti)으로 들어섰다. 엠마누엘레가 잠시 핸드폰을 만지더니 다른 그룹원 중 한 명인 나의 친구 '마티아스'가 모습을 드러냈다. 우리 셋은 진한 포옹을 나누고 함께 경기를 관람하며 응원하기 시작했다. 원정경기임에도 홈 서포터즈보다 훨씬 많은 나폴리 팬들이 원정석을 가득 채웠고, 가열

찬 응원이 시작되었다. 부진을 면치 못하고 있던 나폴리 팀의 최근 경기력을 생각했을 때, 딱히 큰 기대는 없던 경기였지만 나 역시도 열심히 응원을 시작했다. 그런데 어떻게 된 일인지, 신제골을 실점한 나폴리가 무서운 속도로 반격하기 시작했다. 전반 29분 '아미르 라흐마니'의 동점골을 시작으로 '빅터 오시멘'의 해트트릭(3골)과 '흐비차 크바라츠켈리아'의 멀티골로 무려 6골을 몰아넣으며, 경기를 뒤집다 못해 상대를 완전히 짓눌렀다. 간만에 너무도 좋은 경기력을 보인 선수들을 보며 우리 모두 신이나 소리 높여 응원을 이어갔다. 마지막쯤엔 누가 어떻게 골을 넣는지, 어떻게 골이 들어가는지도 모르고 흥이나 노래를 부르고 있었던 우리였다. 경기는 1:6 대승으로 끝났고, 우리가 이탈리아의 디펜딩 챔피언임을 노래한 뒤, 경기장을 나왔다. 비에 흠뻑 젖은 상태였지만 내 마음속의 나폴리는 밝고 쨍쨍하게 빛나고 있었다. '엠마누엘레', '마티아스'와 아쉬운 작별의 인사를 하고, 다시 나폴리로의 복귀길에 올랐다.

추후 일정 탓에, 경기 종료 후 서너 시간 대기한 후 한밤중에 바로 버스에 올라야 했다. 경기장을 나와 버스터미널로 가는데 비는 내리고, 어두컴컴한 시골길을 혼자 걷자니 무서운 마음이 들었다. 이 순간 나폴리와 내 숙소가 얼마나 그리웠는지 모른다. 마치 나폴리가 나의 진짜 집이자 안락한 나의 공간인 듯한 기분이었다. 골목과 작은 터널, 굴다리를 지나 도착한 버스 터미널에서 나는 더한 공포에 사로잡혔다. 아무것도 없는 한적하고 외딴곳에 위치해있던 버스 터미널에는 버스도, 건물도, 사람도, 아니 불빛 하나 없었다. 그저 넓은 플랫폼만이 나를 기다리고 있었고, 의자에 홀로 앉아 있자니 막연한 불안감이 들었다. 그곳에서 몇 시간 홀로 앉아 있어야 한다는 사실은 나를 두려움으로 휘감았다. 저 멀리서는 정체를 알 수 없는 보이지 않는 검은색 사람 형체들이 다가오고 있었다.

버스를 기다리는 그 몇 시간이 나의 세 번째 나폴리 여정에서의 손에 꼽을 만한 큰 위기이자 나와의 싸움 중 하나였다. 끝날 것 같지 않던 기다림 끝에 다행히 아무 일 없이 무사히 버스를 탈 수 있었고, '볼로냐'에 내려 나폴리행 버스로 갈아탔다. 버스 타고 가는 내내, 나폴리가 사무치게 그리웠다. 얼른 집에 가고 싶은 마음뿐이었다. 몸은 무겁고 비에 젖은 옷도 묵직하게 나를 누르고 있었다. 머플러에서 한 방울씩 똑똑 떨어지는 빗물을 보며 그래도 이 모든 것을 감수하고 원정 올 만한 가치가 있는 경기였다는 생각을 했다. 이런 생각을 할 때쯤 잠에 들었고, 눈을 뜨니 새벽을 지나 날이 밝아 있었다. 나폴리에 내려 약 일주일 만에 숙소로 복귀했다. 숙소에 들어가 커피를 내리고 있는 '토니'를 보자 긴장이 스르륵 풀렸다. 아마 돌아온 당일엔 하루 종일 잠을 잔 것 같다.

남부 이탈리아의
아름다움과 머플러 해프닝

: 아무리 힘들어도 유벤투스는 이겨~

며칠 먹고 자고 쉬며 요양 겸 휴식을 취하고 나는 남부 이탈리아 하면 빼놓을 수 없는 나폴리 인근 해변 소도시 투어를 나섰다. 차로 관광객들을 태우고 다니며 중간중간 내려 아름다운 해변과 소도시를 즐기며 가이드 설명을 듣는 식의 투어였다. 나폴리 중앙역에서 모여 일행들과 인사를 나눈 뒤, 차에 올랐다. 30여 분 이동했을까? 첫 번째 목적지인 '라벨로(Ravello)'에 내렸다. 해안가의 멋진 풍경과 티레니아 바다의 푸른 바다가 잠에서 덜 깨있던 나를 깨우기 시작했다. 이어서는 그 유명한 해안 도시 '아말피(Amalfi)'에 도착했다. 차에서 내려 일행들과 성당과 각종 관굉 싱품들을 구경하고 해안가에서 여유를 즐겼다. 레몬이 유명한 곳답게 이동하는 중간중간 나무에 열려있는 레몬이 보였는데, 태어나서 처음 보는 레몬 나무가 정말 이색적이고 신기했다. 해안 절벽을 따라 자잘하게 아기자기한 형태로 모여있는 집들은 너무나 멋있고 아름다웠다.

　다시 차에 탑승한 후 마지막 목적지로 향했다. 마지막 정류장은 '포지타노(Positano)'였다. 구불구불한 해안도로를 따라 '포지타노'에 도착하자, 가파른 비탈에 파스텔 색상의 집들이 보였다. 어떻게 지은 것인지 궁금할 정도로 신비로웠던 독특한 건축 디자인들은 엽서나 달력의 한 장면처럼 그림 같은 풍경을 내 눈앞에 펼쳐 주었다. '포지타노'를 끝으로 남부 소도시 투어를 마치고 다시 나폴리로 돌아왔다. 유명한 인사들이나 셀럽들이 중요한 날에 찾았다고 하는 아름다운 남부의 소도시들을 보니 사랑하는 사람들이 떠올랐다. 가족들과 친구들, 친인척들이 제일 먼저 떠올랐다. 아름다운 것을 보면 함께 나누고 싶고, 그들도 함께 있었다면, 이 아름다움을 함께 즐겼다면 얼마나 좋았을까 하는 생각이 드는 것이 바로 사랑이 아닐까 하는 상념도 들었다. 바쁘게 돌아가는 서울에서는 느낄 수 없는 여유에서 비롯한 상념이었을 것이다.

　사랑하는 이들이 조금 그리웠지만, 나폴리로 돌아와 아쉬운 대로 숙소에 함께 머무는 친구들과 집주인 '토니' 등과 함께 거리로 나가 '스프리츠'를 마시며 시간을 보냈다. 우리 과에 있는 최모 선배를 연상케 하는 푸근한 매력의 '마리오'와 함께 클럽에 가 춤추기도 했다.

며칠 뒤인 3월 3일, 이날은 아주 중요한 날이었다. '나폴리 바스켓' 농구
팀과 '트레비소' 농구팀 간의 이탈리아 리그 농구 경기, 그리고 나폴리 축구
팀 'SSC 나폴리'와 공공의 적 '유벤투스' 축구팀 사이의 경기가 열리는 날이
었기 때문이었다. 이날 나는 두 경기를 모두 관람할 예정이었고, 우선 '마
리오'를 따라 '나폴리 바스켓' 농구팀의 경기를 보러 경기장으로 향했다. 이
날 농구장에선 '나폴리 바스켓' 농구팀이 '트레비소' 농구팀을 95대 81로 대
파했고, 경기 후엔 얼마 전 이탈리아 국내 농구 컵 대회 '코파 이탈리아'의
정상에 오른 '나폴리 바스켓' 농구팀이 트로피를 가지고 나와 우승 기념 뒤
풀이를 진행했다. 축구팀뿐만 아니라 농구팀의 열성적인 팬들을 보며, 이
사람들이 자신들의 도시를 얼마나 아끼고 사랑하고 있는지 다시금 느끼게
되었다. 축구팀과 같은 파란색을 상징색으로 쓰는 농구팀과, 축구팀 응원
단과 비슷한 응원가를 사용하는 농구팀 응원단 속에 섞여 들어간 나도, 친
구들과 함께 열심히 노래 부르며 나폴리인임을 자랑스럽게 외쳤다.

농구 경기 후엔 약간의 트러블도 있었다. 농구 경기 이후 축구장에 들고 가기 위해 내가 소지했었던 'JUVE MERDA(유벤투스 똥)'이라는 문구의 머플러가 농구장 출입구에서 공격적 문구라며 반입 금지가 되었고, 경기 후에 입장 게이트로 가 보니 맡겨뒀던 이 머플러가 사라지고 없었다. 당황하여 여기저기 기웃대며 찾아보기를 십여 분, 친구들은 왜 그러냐며 나에게 다가와 자초지종을 설명 듣고 함께 머플러를 찾아 주기 시작했다. 이때 길을 지나가던 어떤 이의 손에 나의 머플러가 들려있는 것을 발견했다. 그는 폴란드인으로서 나폴리에 거주하며 나폴리 축구팀과 나폴리 농구팀을 응원하는 약간은 허름한 차림의 독특하고 다가가기 어려운 비주얼의 아저씨였다. 이전에 몇 번 그를 본 적이 있기도 했고, 우선 머플러를 찾아야겠다는 생각에 그에게 다가갔다. 하지만 그는 그 머플러가 자신의 것이라고 주장하며 우리 둘 사이에 실랑이가 벌어졌다. 묻어 있는 얼룩까지 완벽히 내 머플러가 확실한 상황에 그가 계속해서 자신의 것임을 우기자 나도 화가 났고, 분위기가 심각해졌다.

이즈음 나폴리 친구들이 다가와 우리 둘을 말리며, 머플러가 내 것이라고 한참 설명했다. 그래도 그가 머플러를 돌려주지 않자, 친구들은 머플러와 함께 찍은 사진을 보여 주라며 나를 진정시켰고, 허탈하게도 머플러를 들고 찍은 사진을 보여 주자, 그 아저씨는 할 말을 잃고 결국 머플러를 돌려주었다. 나폴리 친구들은 겁 없이 그에게 덤벼들며 머플러를 되찾으려 애썼던 나의 모습에 적잖이 놀란 모양이었다. 나에게 연신 대단하다며 태권도를 배웠느냐고 묻기도 했다. 한편, 나에게는 나를 변호해 주고 내 머플러를 되찾게 도와준 나폴리 친구들이 한없이 고맙고 따뜻하게 느껴졌다. 이때 내가 진정 이들의 형제가 되었구나 하는 생각을 할 수 있었다.

한바탕 시끌벅적한 소란을 뒤로하고 우리는 고대하던 '유벤투스'와의 축구 경기를 보기 위해 경기장으로 향했다. 경기 전, 언제나처럼 꾸르바B 출입구 근처의 바에서 맥주를 마시며 친구들과 안티-유벤투스 응원가들을 열창했다. 최근 성적이 좋지 않았던 탓에, 유벤투스라는 커다란 라이벌팀과의 경기를 앞두고 경기장엔 약간의 긴장감이 감돌았고, 덩달아 나 또한 비장한 마음으로 경기장에 입장하게 되었다. 경기는 '흐비차 크바라츠켈리아'의 환상적인 발리슛 선제골로 앞서가던 나폴리가 경기 종료 10여 분을 남기고 '페데리코 키에사'에게 동점골을 얻어맞으며 무승부로 종료되는 듯했다. 하지만 정규시간 종료 3~4분을 남겨두고, '빅터 오시멘'이 페널티킥을 얻어 내고 직접 킥을 준비했다. 하지만 그가 날린 회심의 슈팅은 유벤투스의 골키퍼 '슈제츠니'의 손에 막혔고, 결국 숙적을 못 이기나 싶던 찰나, '슈제츠니'가 쳐낸 공을 '지아코모 라스파도리' 선수가 달려들어 골문으로 밀어 넣으며 경기를 나폴리의 승리로 이끌었다. 숙적 유벤투스를 꺾은 나폴리 선수단은 의기양양했고, 경기장은 들끓는 청색으로 물들어 갔다. 경기 종료 후엔 '클라우디오', '에디' 등과 함께 신나는 노래가 나오는 술집으로 이동해 여흥을 즐겼다.

나폴리탄
헤어스타일

　다음날 여느 때처럼 늦잠을 자고 일어났는데, 문득 더 이상 나폴리 시내에 내가 모르는 관광지나 숨겨진 핫스팟은 없는 것 같다는 생각이 들었다. 이상하게 지루하기보단 뿌듯한 느낌이 들었다. 이제 제법 발전한 이탈리아어 실력을 등에 업고 현지인이 된 양 거리를 돌아다니며 맛있는 음식과 술을 즐기며 친구들과 어울렸다. 며칠 뒤엔 이왕 이렇게 된 거 참고 있던 이발도 해 보자는 생각이 들어 이발소를 찾았다. 머리 스타일에 있어서 꽤나 보수적인 내가 익숙한 스타일리스트 선생님이 아닌 새로운 이, 그것도 낯선 해외의 미용사에게 머리를 맡기기로 결정한 것은 꽤나 신선한 결정이었다. 인터넷을 통해 후기와 가격을 꼼꼼하게 확인한 뒤, 가장 마음에 드는 미용실로 향했다. 막상 들어가 앉으니, 걱정이 앞섰다. 불안한 마음에 미용사에게 더듬더듬 이탈리아어로 최대한 조금만 잘라달라는 부탁을 전했다.

부탁 때문인지 막상 자르고 보니 크게 달라진 느낌은 없었다. 돈이 조금 아까웠지만, 낯선 스타일에 후회하는 것보다는 낫다는 생각을 하며 위안을 삼았다. 이날 저녁에는 '알도'라는 친구가 자신의 친구를 소개해 준다고 하여 나폴리 시내에서 비교적 소득수준이 높은 것으로 알려진 '보메로'라는 언덕 동네를 찾았다. 그의 친구는 영어에 아주 능숙했다. 우리는 한국과 나폴리의 차이에 대해 한참 떠들었다. 나만큼이나 급진적 혁명의식을 지닌 '알도' 덕분에 우리는 한국과 나폴리의 공통점에 대해 이야기하다가 계급의식과 연대에 대해서도 이야기 나눌 수 있었다. 나는 이 가운데서 축구가 어떤 역할을 할 수 있을지에 대해 나의 의견을 전하기도 했다. 유익했던 만남을 뒤로하고, 친구들이 태워주는 오토바이로 새벽의 나폴리 시내를 한 바퀴 훑고 숙소에 돌아와 잠을 청했다.

나폴리에 묻어 있는
스페인의 흔적을 따라서

여유로운 일상 속에 주말은 또 돌아왔고, 3월 8일 '토리노' 팀과의 홈경기가 우리를 맞이했다. '토리노' 팀은 팀명 그대로 북부에 위치한 도시 '토리노'에 연고를 두고 있는 팀이었다. 이 '토리노'는 앞서 여러 차례 등장했던 '유벤투스'의 연고지이기도 하다. 경기는 후반 중반 터진 '크바라츠켈리아'의 선제골을 지키지 못한 나폴리가 곧바로 동점골을 허용하며 1대1 무승부로 종료되었다. '유벤투스' 팀을 잡은 이후 귀신같이 또다시 부진한 경기력으로 돌아오고 말았다. 연승으로 분위기를 이어 가고자 했던 기대는 무너지고 경기장 분위기는 또 썰렁해졌다. 경기 종료 후 가라앉은 마음으로 친구들과 찾은 술집에서 '클라우디오'가 나의 기분을 완전히 전환 시켜줄 소식을 전했다. 열흘 남짓 남아 있던 나의 생일에 파티를 열자며 미리 만들어 온 홍보 포스터를 보여 준 것이다. 거창한 파티보다는 생일날 친구들과 간단히 만나는 자리를 갖지 않을까 생각하고 있었던 나는, 당황스러우면서도 한편으론 기분이 날아갈 듯 좋았다. 파티를 구상하며 경기에 대한 아쉬움은 털어 버리는 동안 하루는 또 지나가고 있었다.

　친구들과 술자리를 가진 곳은 나폴리 시내 중심 센트로 '톨레도' 역 근처에 위치한 '콰티에리 스파뇰리'라는 곳이었다. 스페인어로 이웃이라는 뜻을 가진 '콰티에리 스파뇰리'는 시에나 건축가 '지오반니 베닌카사'에 의해 16세기경에 만들어진 나폴리의 한 구역이다. 당시 스페인 왕국 지배하에 있던 나폴리 지역의 총독이었던 '페드로 데 톨레도'는 나폴리 사람들의 반란을 대비하며 군사들의 임시거처로 삼을 수 있는 구역을 요했고, 이에 '베닌카사'에게 '콰티에리 스파뇰리' 구역의 건설을 지시했다. 이곳은 또한 나폴리로 모여든 시골 주민들의 사회적 주거처로 사용되기도 했다. 이 구역은 지저분하며 각종 범죄의 온상이 되는 구역이지만, 나폴리 시내 한복판에 위치하여, 16세기에 건축된 여러 성당들과 교회, 궁전, 그리고 문화적·역사적 기념물들이 위치한 곳이기도 하다. 나폴리의 첫 번째, 두 번째 리그 우승을 이끌었던 축구 스타 '디에고 마라도나'의 벽화가 이곳에 있는데, 이 벽화는 관광명소로 아주 유명하기도 하다. 또 이곳에는 기원선 400년에 만들어진 유서 깊은 지하도시 '나폴리 소테라냐'가 있는데, 앞서 잠시 언급했던 대로 나는 이 지하도시 유적을 방문하기도 했었다. 로마 극장의 유적지, 로마식 수로, 지하 묘지, 광장, 화장실, 성당, 집, 결혼식장 등이 모두 지하에 위치하고 있는 어마어마한 유적에 나는 매우 놀랐던 기억이 있다. '나폴리 소테라냐'는 제2차 세계대전 당시에는 지하 벙커로도 사용되었다고 한다. 역사와 문화의 측면에서도 볼거리 참 많은 나폴리라고 할 수 있겠다. 단지 축구를 넘어서서 이 도시의 역사와 뿌리, 전통과 문화를 제법 이해하게 될 그즈음, 이제는 정말로 당당하게 내가 '나폴레타노'임을 노래할 수 있지 않을까 싶은 생각도 들었다.

다시 돌아와, 3월 11일, 나는 또 다른 여행을 위해 힘차게 발걸음을 옮기기 시작했다. 두 번째 여행 속의 여행으로, 나는 바르셀로나행 비행기에 몸을 실었다. 물론 아무 이유 없이, 뜬금없이 바르셀로나로 향한 것은 아니었다. 그 전주에 관람했던 나폴리 축구팀과 바르셀로나 축구팀의 챔피언스 리그 16강전 경기 중 원정에서 열리는 2차전 경기를 관람하기 위함이 주된 목적이었다. 어느새 나는 나폴리 축구팀의 해외 원정까지 따라가는 열성팬 그 자체가 되어 있었고, 겸사겸사 난생처음으로 방문하는 스페인 여행도 곁들이게 됐다. 바르셀로나에 도착하자마자 '벙커'라는 언덕에 올라 시내의 전경을 바라보며 나폴리 축구팀 머플러와 함께 기념사진을 남겼다. 이후 식사를 하기 위해 도심을 걷게 되었는데, 이때 참 여러 가지 인상을 받았다. 바르셀로나는 분명히 나폴리 보단 깨끗하고 정돈된 도시의 느낌이었는데, 그 속에 전통과 문화가 녹아 있는 느낌이었다. 마치 대한민국과 나폴리를 섞으면 이렇게 되지 않을까 싶은 느낌이었다. 이후 식당을 찾아 스페인의 '타파스'[23]와 해산물, 빠에야 등을 맛보았다. 솔직하게 말해서 맛은 있

23)   스페인에서 식사 전에 술과 함께 간단히 먹는 적은 양의 음식을 칭하는 말.

었지만, 깊은 감동을 느끼기엔 양적으로, 질적으로 조금 아쉬운 부분이 없

지 않아 있었다.

식사 후 축구 경기를 보기 위해 경기장으로 향했다. 세계에서 손꼽히는 웅장하고 멋있는 바르셀로나 축구팀의 홈 경기장 '캄프 누'를 꼭 보고 싶었지만, 공사 중인 관계로 근처에 있는 다른 경기장에서 경기가 펼쳐질 예정이었다. 이날 경기 내외적으로 정말 많은 일이 있었는데 지금 생각해도 아찔한 기억들이 많다. 우선 경기 전에 나폴리 팬들은 한곳에 모이게 되었다. 나는 개인적으로 바르셀로나로 날아왔지만, 함께 비행기를 타고 나폴리에서 바르셀로나로 원정 온 원정 팬들, 그리고 바르셀로나 현지에 있는 나폴리 팬들까지, 상당수의 나폴리 축구팀 지지자들이 도심 한가운데 모여, 응원가를 부르며 경기장을 향해 행진했다. 나도 바르셀로나 현지에서, 나폴리로부터 날아온 친구 '루카 코스탄조'와 만나 대열에 합류했다. 경찰은 우리를 호위해 주었고, 우리는 그 규모상 3~4차선 도로를 꽉 메운 채 전진했다. 가슴이 뜨거워지는 기분이었다. 말로만 듣던 경기전 응원 '코르테오'를 나폴리 밖에서 직접 체험하게 되니 이제는 진정한 나폴리인을 넘어서 진정한 나폴리 지지자 모임의 일원이 된 기분이었다.

경기장이 가까워지자, 갑자기 반대편에서 시끄럽게 웅성대는 소리가 들리기 시작했다. 반대쪽에 있던 바르셀로나의 팬들이 우리를 향해 소리치며 욕을 하고 있었던 것이있다. 이내 그들은 홍염과 폭죽 등을 우리 쪽으로 집어 던지기 시작했다. 경찰이 막고 있었기에 우리는 대응하지 못하고 곧장 경기장으로 향했다. 응원가를 부르며 행진하던 나폴리 축구팀의 지지자들은 원정 팬 출입 게이트 앞에 도착했고, 이때부터 문제는 시작되었다. 정해진 좌석과 그 티켓 수량에 비해 현저히 많은 나폴리 팬들이 몰렸던 것이다. 나 또한 원정석 티켓을 구하지 못하여, 급한 대로 일반석 좌석을 예매한 채로 경기장을 찾은 터였다. 문제는, 나폴리 팬들이 그냥 힘으로 밀고 원정석으로 진입을 시도하면서 본격적으로 터져 나왔다. 나 또한 상황을 지켜보고 있었는데, 갑자기 뒤쪽에 있던 나폴리 팬들 한두 명씩 입장 게이트 앞에 뭉쳐있던 인원을 밀기 시작했다. 그러자 경찰들은 곧바로 곤봉을 휘두르며 팬들을 진압했다. 결국 몇십 분간의 난투극 끝에 몇몇은 호송되었고, 원정석 표를 갖지 못한 대부분의 사람들은 쫓겨나왔다. 나 또한 상황을 지켜보다가 아무리 봐도 원정석 진입이 어려울 것 같아, 내가 가진 표에 쓰여진 좌석 쪽으로 이동했다.

한숨 돌리고 일반석 구역 쪽으로 경기장에 입장하려고 하는데 진행요원이 나를 막아섰다. 가방을 검사하다가 나폴리 유니폼, 나폴리 머플러, 등 나폴리 축구팀의 머천다이징을 발견하고는 나에게 그것들을 소지한 채 입장할 수 없음을 알려왔다. 당황한 나는 어떻게든 설득 혹은 사정하여 진입 시도했고, 이들은 이를 허용하지 않아 대치 상황이 몇 분간 지속되었다. 그 사이 옆을 지나가며 이를 지켜보던 수많은 바르셀로나의 팬들이 나를 조롱하며 욕설을 퍼붓고 지나갔다. 얼굴이 화끈거리고 화가 났다. 일단 입장이 우선인 상황이라 대꾸해 줄 생각조차 못한 채 나는 중간에 끼여 쩔쩔매고 있었다. 너무나 당황스러웠다. 결국 한참의 실랑이 끝에, 가방에 있던 유니폼은 간신히 옷 속에 숨기고, 머플러는 진행요원에게 맡긴 채로 입장할 수 있게 되었다. 참담한 심정이었다. 어찌 되었든 경기장에 입장하고 나니 후련하긴 했지만, 여러모로 화도 나고 억울한 심정이었다. 바르셀로나 홈 팬들을 위한 일반석 좌석에 앉아서 경기를 지켜보기 시작한 나는, 나폴리 팬임을 숨길 수밖에 없었다.

경기는 시작되었고, 역시나 빅클럽 바르셀로나가 나폴리를 몰아붙이기 시작했다. 전반 15분 '페르민 로페스', 전반 17분 '주앙 칸셀루'의 연속골이 터지며 경기는 통합 스코어 3:1 바르셀로나 쪽으로 기울기 시작했다. 나폴리도 '오시멘'과 '흐비차'를 앞세워 계속해서 반격을 시도했다. 전반 30분 '아미르 라흐마니'의 만회골이 터졌고 계속해서 맞불을 놓기 시작했다. 수많은 바르셀로나 팬들 사이에서 혼자 마음속으로 간절히 우리팀 나폴리를 응원하던 나도 입술이 바짝바짝 말라가기 시작했다. 후반 중반에는 골대도 한 차례 맞추며 맹공격으로 맹추격하기 시작한 나폴리는 공격에 치중한 나머지, 후반 83분 '로베르토 레반도프스키'에게 추가골을 내주며 유럽 정복을 향한 여정을 마무리하게 된다. 경기 스코어 3:1, 총합 스코어 4:2로 바르셀로나 축구팀이 8강전에 진출하게 되었고, 나폴리의 도전도 막을 내렸다. 씁쓸한 마음을 감출 수가 없었다. 경기장을 나오며 혹시나 하고 나의 머플러를 입수한 요원과, 나의 소중한 머플러를 찾아보았지만, 눈에 들어오는 건 하나같이 들뜬 다양한 인종과 국적의 바르셀로나 팬들뿐이었다. 여러 가지 측면에서 확실히 바르셀로나 축구팀이 나폴리 축구팀 보다 강하고 큰 클럽이자 세계적인 클럽임을 느낄 수 있는 하루였다. 숙소로 돌아오니 머플러 빼앗긴 억울함과 바르셀로나 팬들에게 조롱당함에의 분함이 다시금 차올랐지만, 나폴리 축구팀을 응원해 오며 첫 해외 원정을 경험했다는 점에 만족하기로 했다. 간신히 설움과 아쉬움을 참고 숙소에 돌아와 누웠지만, 얼른 나폴리로 돌아가고 싶다는 생각뿐이었고, 지금 다시 생각해봐도 여러모로 참 쓰리고 쓰린 날이었다.

이튿날, 속상한 마음 달래기 위해 맛있는 음식들과 술로 하루를 보내기로 마음먹었다. 우선 위대한 건축가 '가우디'가 만든 건축물들을 돌아보는 한국인 전용 일일 투어에 참여해 이곳저곳을 둘러보며 하루를 시작했다. 독특한 구조와 표현, 그리고 그 속에 담긴 의미들이 꽤나 인상적이었다. 그 유명한 '사그라다 파밀리아' 대성당 앞에 서자 웅장함에 압도되어 입이 쩍 벌어지지 않을 수 없었다. 몇백 년에 걸쳐 아직도 공사 중이라는 이 성당을 보고 있자니 정말 장엄함에 말을 잃을 수밖에 없었다. 대성당 외곽의 각 면에는 성경에 모티브를 둔 조각들이 표현되어 있었는데 이 또한 정말 흥미로웠다. 또 성당 안에는 순교자의 이름이 적힌 형형색색의 유리 창문이 있었고 이곳에 '김대건 안드레아' 신부의 이름도 찾을 수 있었다. 여러모로 감탄을 금치 않을 수 없었고, 천주교인이신 엄마가 언젠가 꼭 이곳을 방문하실 수 있었으면 좋겠다는 생각도 들었다. 투어를 마치고, 바르셀로네타 해변에서 잠시 여유를 만끽한 뒤, 스테이크와 빠에야, 샹그리아[24] 등을 즐기며 바르셀로나의 밤을 음미했다. 아쉬움과 속상함도 없지 않아 있었던 바르셀로나 여행이었지만, 그래도 나폴리라는 축구팀이 아니었다면 생각지도 못했을 새로운 모험에 감사하며, 바르셀로나에서의 시간을 아름답게 마무리했다.

---

24)   스페인에서 유래한 과일과 와인 베이스의 칵테일.

경희철학,
밀라노 접수 완료!

하지만 여기서 바로 돌아가면 김필진이 아니다. 나는 바로 나폴리로 돌아가지 않고, 밀라노로 향했다. 3월 16일 밀라노에 도착했고, 반가운 인연을 만났다. 경희대학교 철학과 23학번 후배 '김현준'이라는 친구가 나를 만나러 밀라노로 온 것이다. 그는 스웨덴에서 교환학생 중이었고, 나와 함께 유럽여행, 축구여행을 하고 싶다며 나를 찾아왔다. 이탈리아가 처음이었던 현준이를 데리고 밀라노 이곳저곳을 구경했다. 피자와 파스타를 먹고 두오모 성당 앞에서 사진도 찍었다. 사실 이전에 밀라노에 왔었던 적이 몇 번 있었고, 나에겐 다른 목적이 있었기에 관광코스는 딱히 나의 관심을 끌 수 없었다. 뜬금없이 웬 밀라노? 라고 생각했을 수 있다. 하지만 나는 이튿날 열릴 '인테르나치오날레 밀라노' 축구팀과 나폴리 축구팀의 세리에A 축구 경기를 보기 위해 밀라노로 향했던 것이었다.

나폴리와 비교했을 때, 밀라노는 그 첫 느낌부터 사뭇 다르게 다가오는 도시였다. 익히 알려져 있다시피 패션과 스타일, 그리고 문화의 도시였고, 많은 관광객, 커다란 도시, 번화한 거리, 발달된 도심과 번화한 이곳저곳, 대도시의 느낌이 완연한 곳이 바로 밀라노였고, 무엇보다도 사람들이 정말 달랐다. 나폴리 사람들은 거칠고 무례하며 따뜻하고 정이 많다면, 밀라노 사람들은 서울 사람들과 비슷하게 차갑고 개인주의적이며 깔끔한 느낌이 었다. 사람은 다름에 끌린다고 했던가, 나는 서울사람들과 크게 다를 게 없는 밀라노 사람들보다는 투박하고 문제가 많지만 그만큼 나를 진심으로 대해 주는 나폴리 사람들이 더 편하게 느껴졌다.

여러 가지 생각을 뒤로하고, 밀라노 관광을 마친 이튿날 현준이와 함께 축구장을 찾았다. 이 축구장은 오래된 역사와 웅장함을 자랑하는 '스타디오 산 시로'라는 구장이었다. 밀라노를 연고로 하는 두 축구팀 '인테르나치오날레 밀라노'와 'AC밀란' 모두 이 경기장을 홈 경기장으로 사용하였는데, 'AC밀란'의 홈경기가 열리는 날에는 경기장을 '스타디오 산 시로', '인테르나치오날레'의 홈경기가 열리는 날에는 '스타디오 쥐세페 메아차[25]'라고 불렀다. 한 경기장을 강력한 라이벌인 두 팀이 사용하고, 이에 따라 주로 불리는 이름도 달라지는 특이한 전통이 있는 역사적 구장이었다. 경기 시간이 다가오고 사람들이 경기장 주위로 몰려들었다. 허기진 배 탓에 현준이와 나는 경기장을 코앞에 두고 일단 아무 식당에나 들어갔다. 그런데 이게 웬걸. '인테르' 팬들이 즐비한 식당에 들어가고 만 것이었다. 수많은 '인테르나치오날레' 팀의 네라주리[26]빛 물결 속에 나폴리 유니폼을 입은 두 한국인이 뻘쭘하게 앉아 파스타를 먹고 있었다. 모두의 시선이 쏠림은 당연한 일이었다. 다행스럽게도, 당시 선두를 달리고 있던 '인테르나치오날레'의 팬들답게 공격적이거나 적대적으로 우리를 대하는 팬들은 없었다. 우리를 신기해하며, 어떤 아저씨 팬은 경기장으로 가는 지름길을 알려 주시기도 했다.

---

25) 이탈리아의 전 축구선수이자 축구감독. 인테르 밀란과 AC밀란에서 모두 뛰었고, 인테르 소속으로 수많은 대회에서 우승했으며, 이탈리아 국가대표팀에서도 중심 선수로 월드컵 2연패를 이끌었다. 그의 이름을 따 축구 경기장의 이름을 지었다.
26) 검정색과 파란색을 뜻하는 이탈리아어. 해당 색을 상징색으로 지닌 '인테르나치오날레' 팀을 일컫는 단어이기도 하다.

식사를 마치고 들어선 '산 시로', '쥐세페 메아차' 경기장은 정말로 웅장하고 장엄했다. 어마어마한 크기와 빼곡히 들어찬 팬들. 그야말로 압도되는 느낌이었다. 세리에A 경기를 처음 보는 현준이도 있고, 예매에 실패하기도 했기에, 겸사겸사 이번에도 나폴리 원정석이 아닌 '인테르나치오날레'의 홈 팬을 위한 일반석에서 경기를 보게 되었다. 바르셀로나에서의 지난 아픈 기억을 상기하며, 나폴리 팬임을 들키지 말자고 마음을 굳게 먹었다. 다행히 입장 시에 소지품이나 복장을 검사하지는 않았고, 우리는 조용히 경기를 지켜보았다. 리그 선두 '인테르나치오날레 밀라노'의 압도적인 경기력으로 나폴리는 경기 시작과 동시에 끌려다니기 시작했다.

결국 전반 43분 터진 '마테오 다르미안'의 선제골로 '인테르나치오날레'가 앞서나가기 시작했다. 후반전에도 내내 인테르의 주도로 경기가 진행되었고, 경기는 종료시간을 향해 가고 있었다. 후반전 정규시간을 10분도 남기지 않았을 때쯤, 나폴리는 코너킥 기회를 얻었다. '마테오 폴리타노'가 올린 코너킥이 '라흐마니' 선수를 지나쳐 뒤로 흘렀다. 이는 공교롭게도 나폴리의 중앙수비수 '주앙 제주스'에게 전달되었고, 그는 이를 머리로 밀어 넣으며 나폴리의 동점골을 완성시켰다. 결코 열릴 것 같지 않던 '인테르나치오날레'의 골문이 열렸고, 경기는 1대1 동점이 되었다. 뒷자리에 있던 누군가가 소리를 지르며 일어나 돌아보니 나폴리 팬이었다. 홈 팬들을 위한 좌석이라 참고 있던 나도 흥분해 자켓을 벗어던지고 나폴리 유니폼을 꺼내 보이며 환호했다. 나 같은 샤이-나폴리 팬들이 곳곳에 있었던 모양이었다.

경기는 1대1 동점으로 종료되었고, 무승부에도 불구하고, 나폴리의 극적인 동점골 덕에 마치 승리한 것만 같은 느낌이었다.

　옆자리에 앉아 있던 가족도 인상적이었는데, 온 가족이 '인테르나치오날레'의 팬이었지만 특이하게도 서너 살 정도 되어 보이는 어린 아들만이 나폴리를 응원하는 듯했다. 전통과 역사가 깊은 유럽 축구의 팬들은 보통 가문 대대로 한 팀을 응원하는 경우가 많다. 태어나보니 할아버지와 아빠가 이 팀을 응원함에 나도 자연스레 그 팀을 응원하게 되는 경우가 대부분인 것이다. 그런 점에 미루어보았을 때 이 어린 나폴리 팬의 고독한 팬심이 참으로 귀엽고도 신기했다. 아기 나폴리 팬과 하이파이브를 하고 경기장을 나왔다. 현준이도 첫 직관에 응원하는 팀이 극적인 득점 하는 모습을 보아 만족한 눈치였다.

경기장을 나오는데, 이전에
인터뷰했었던 'CN24(칼치오나폴
리24)'라는 나폴리 지역 방송국
에서 나와 인터뷰를 하고 있었
다. 슥 쳐다보며 지나가는데, 그
들이 우리를 붙잡아 인터뷰를
하자고 했다. 가까이 다가가 보
니 친숙한 기자가 우리를 향해
웃고 있었다. 무슨 말을 했는지

기억도 잘 나지 않지만 어쨌든 우리는 영어로, 그리고 나는 서툰 이탈리아어로 인터뷰를 했고, 이는 나폴리 전역에 방송되었다고 한다. 첫 방문 이야기에서 언급했듯, 나는 나폴리를 처음 방문했을 때, 유벤투스와의 역사적인 5대1 승리 이후 이 기자와 인터뷰한 적이 있었는데 당시 사진을 보여 주자 너무나 반가워했다. 참으로 인상적인 밤이었다.

내 생애
최고의 생일

다음날 현준이와 함께 이탈리아의 명물 '뜨레니 이탈리아' 기차를 타고 나폴리로 향했다. 현준이의 일정상 나폴리에서 홈경기를 관람할 수는 없었지만, 현준이는 나의 생일파티에 참석하고 나폴리 이곳저곳 구경하고자 흔쾌히 나를 따라 나폴리로 향했다. 마치 가이드가 된 듯, 나폴리 현지인이 된 듯, 현준이를 데리고 나폴리 이곳저곳을 구경시켜 주었다. 야경이 아름답기로 유명한 '메르젤리나' 해변을 함께 걸으며 사진을 찍기도 했다. 마라도나의 벽화가 그려진 '콰르티에리 스파뇰리'를 보여 줄 때는 왜인지 모를 흐뭇함과 뿌듯함도 나의 마음에 벅차올랐다. 3월 18일 현준이와 나폴리에서의 여유를 즐기고 일찍 잠자리에 들 채비를 했다. 12시가 되자 숙소의 친구들 '다니엘', '료타', '토니'가 한국말로 생일 축하해! 라고 외치며 잔을 들었고, 다음날을 위해 딱 한 잔만 함께 나누고 얼른 잠자리에 누웠다.

3월 19일, 나의 24번째 생일이자, 해외에서 맞는 첫 번째 생일이 밝아왔다. 현지 친구들의 도움으로 와인바를 예약하고 포스터를 만들어 여러 친구들을 초대했지만, 친구들이 얼마나 참석해 줄지, 파티가 성공적으로 진행될지, 이런저런 걱정이 앞섰다. 현준이와 바닷가에서 베수비오 화산을 바라보며 커피 한잔하며 이러한 고민을 나누었다. 그래도 타지에서 한국 친구, 학교 후배, 내가 좋아하는 사람을 만나 걱정을 공유하니 마음이 한결 편안해졌다. 점심을 먹고 일찍이 파티가 열리기로 한 바로 이동했다. 생각보다 크기가 작았다. 와인을 무제한으로 먹을 수 있는 바인데, 친구들이 얼마나 올지 걱정 반 기대 반이었다. 우리네와 크게 다르지 않은 이탈리아, 나폴리의 생일파티 문화는, 생일자가 술이나 음식을 전액 부담하여 대접하고, 참석자들이 선물을 하나씩 가져와 생일자에게 주는 형식이라고 했다. 거금을 투자해 40여 명 어치를 미리 결제하고 친구들을 기다렸다. 40명이 다 채워지지 않을까 봐 마음 졸이며 바에 현준이와 앉아 있던 그때. '란젤라'의 모습이 보였다. 언제나 무언가에 취해있는 그답게 몽롱한 눈빛으로 다가와 'AUGURI(축하해)'라고 외치며 나를 안아주는 란젤라를 마주하자, 마음이 조금 놓이기 시작했다. 뒤이어 '엠마누엘레'가 도착했고, 그의 친구 '안드로'가 몇 명의 친구들을 너 네리고 왔다. 이들을 시직으로 힌 명, 두 명씩 친구가 도착했다. '클라우디오'를 필두로 한 나폴리 팀 응원단 소속 친구들부터, 게스트 하우스의 친구들, '피아짜 벨리니'에서 함께 술 마시다 친해진 친구들까지 도합 약 55명이 도착했다. 너무나 감격스러웠다. 예상보다 훨씬 많이 참석해 준 친구들 때문에 현준이도, 가게 사장님도 그리고 나 역시도 당황하긴 마찬가지였다. 추가 계산해야 하나 싶던 찰나, 사장님께서 불만스러운 표정을 짓더니 내가 한국에서 온 나폴리 열혈 팬이기 때문에 봐주는 거라며, 그냥 추가 결제 없이 무제한으로 와인을 마시게끔 허락해 주셨다. 우리의 세 번째 리그 우승 사진을 핸드폰 배경 화면으로 설정해 두었던 그 또한 한 명의 나폴리 사람이자 나폴리 팀의 팬이었음은 물론이었다.

파티는 본격적으로 시작되었고, 친구들은 한 명씩 나에게 선물을 전달해 주었다. 선수들의 싸인이 담긴 사진, 선수카드, 나와 친구들이 경기장에서 찍은 사진을 담은 액자, 노X페이스 패딩, 신발, 무엇보다 감동적이었던 것은 내 이름을 프린팅한 나폴리 축구팀의 올드 유니폼 모양 티셔츠였다. 이렇게 많은 선물을 받아본 적이 없어 얼떨떨하고 어안이 벙벙했다. 이때 '리카르도'가 케이크 상자를 가지고 왔다. 우리나라에서 흔히 생일 케이크로 주문하는 동그란 케익과 다르게 이들은 제법 커다란 상자에 작은 컵케익 크기의 알록달록한 여러 가지 케이크들을 빼곡히 담아왔다. 국제 기준에 따른 나이와, 한국식 나이 계산법 사이의 차이로 순간 일동 혼란에 빠지긴 했지만, 우리는 초를 꽂아 불을 붙이고 생일 축하 노래를 불렀다. 이탈리아어로 듣는 생일축하송은 참 색다르고 흥미로웠다. 일동 조용히 내가 불을 끄길 기다렸다가 내가 불을 끄자 다 같이 함성을 내질렀다. 너무나 행복했다. 친구들은 경기장에서 응원하듯 박수와 구호로 나의 생일을 축하하며 함께 합창을 이어갔다. 가게 있던 몇몇 다른 손님들도 이를 신기하게 보며 나에게 다가와 생일 축하 인사를 건네기도 했다. 정말 이 순간 더 부러울 게 없었다.ʼ 내 인생 최고의 생일이었다고 자신 있게 말할 수 있을 만한 밤이었다.

다 함께 나의 생일을 축하하는 시간을 마무리하고 본격적인 음주가 시작됐다. 그런데 갑자기 친구들이 분주해졌다. 뭐가 잘못된 건가 매우 놀라고 있던 그때, '클라우디오'가 친구들 대표로 나에게 다가와 종이 한 장을 건넸다. 종이를 펼쳐 보니 서툴지만 반듯한 한글로 '잘 부탁해 형제'라는 글자와 함께 50여 명의 친구들의 이름과 서명이 쭉 나열되어 있었다. 눈물이 찔끔 났다. 정말 별거 아닌 선물이라고 생각할 수 있지만, 나에게는 너무나 큰 감동으로 다가왔다. 진정 이들의 형제가 되었고, 이들이 나를 진심으로 축하해 준다는 느낌을 받았다. 인생 최고의 생일날을 넘어서 생애 최고의 날 중 하나였다. 감동받아 눈물을 찔끔 흘린 나는 야외 테이블 의자에 올라가

연설 아닌 연설로 답장을 전했다. 짧은 더듬더듬 이탈리아어와 번역기의
힘을 빌려 나의 감사함을 전했다. 그리고 내가 더 이상 여행객이나 한국에
서 온 이방인이 아닌 '나폴레타노'임을 목 놓아 소리쳤다. 다들 환호해 주었
고 나의 선창으로 모두 다 함께 노래를 부르며 우리는 깊어 가는 밤을 반짝
이게 빛내었다.

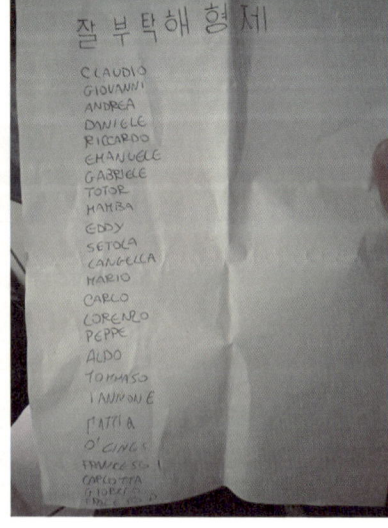

　생일파티는 그렇게 마무리되었고, 행복했던 나의 밤은 영원으로 나의 가슴 속에 남았다. 생일날의 아름다운 추억은 꽤나 여운이 길었다. 내 생에 이렇게 많은 사랑을 받은 적이 있었나 싶을 정도로 믿기지 않는 환상적인 시간들이었다. 내 인생에 이런 일이 일어나다니 말도 안 된다고 생각했다. 드라마틱한 그 밤에 젖어 며칠을 배실배실 웃으며 기쁨에 취해 살았다. 한 5일 정도는 칩거하며 사진과 영상만 돌려봤던 것 같다. 봐도 봐도 너무나 기분이 좋았다.

나폴리, 풋살로
이탈리아의 정상에 서다!

: 폴리코로 원정기

칩거 생활을 마무리해야겠다 싶던 찰나, 숙소에 함께 묵은 지도 한 달여 되어 제법 친해져 있던 '다니엘'과 '피노(료타)'가 함께 외식 갈 것을 제안했다. 나폴리는 바닷가 동네라 해산물과 생선이 정말 신선하다. 익히 알고 있던 사실을 한 번 더 체감한 것은 그들과 함께 방문한 '씨푸드 레스토랑'에서였다. 싱싱하고 커다란 생선 한 마리를 통째로 보여 준 뒤, 에피타이저, 볶음류, 파스타 등으로 나누어 제공했다. 해산물도 정말 신선했고 너무 맛있었다. 맛있는 음식과 좋은 친구들, 더 이상 바라는 게 없을 정도로 만족스러웠다. 식사를 미치고 가게를 나오는데 '리카르도'와 '란젤라'에게 연락이 왔다. 나폴리 풋살팀의 '코파 이탈리아' 컵 대회 결승전 경기가 있으니 함께 가자는 연락이었다. 흔쾌히 좋다고 하고 그들을 만나러 갔다.

여느 때처럼 '리카르도'의 차에 올라 이동하기 시작했는데, 한 달 사이 눈에 익은 나폴리의 길들이 아닌 낯선 길로 차가 달리기 시작했다. 경기장은 이쪽 길이 아니지 않느냐고 그들에게 물어보려던 찰나 그들이 이 결승전 경기는 원정경기임을 나에게 알려 주었다. 순간 집으로 돌아가고 싶은 충동이 들었지만, 이미 출발해 버린 터, 이들과의 투어 아닌 투어, 원정길을 즐기기로 마음먹었다. 그런데 이 목적지가 심상치 않았다. 매해 결승 개최지가 바뀌는 컵 대회로서 이 해엔 '폴리코로'라는 중립 지역에서 결승전이 열리는 시즌이었는데, 이 '폴리코로'라는 곳이 거의 이탈리아반도 맨 아래 땅끝에 있었다. 이탈리아판 땅끝마을이었다. 한참을 달려도 도착할 기미가 안 보였다. 우리는 여러 대의 차에 나누어 타고 이동했는데, 중간중간 휴게소에 내려 맥주와 담소, 담배 등을 나누기도 했다. 이 휴식 시간 덕분에 힘든 원정길을 그나마 버틸 수 있었다. 그만큼 멀고 긴 원정길이었다. 언제 이들이 언급하려나 싶었던 '강남스타일'을 차에서 함께 듣고 소리 지르며 노래를 따라 부르고 있을 때쯤 우리는 약 6~7시간여 만에 목적지에 도착했다.

경기는 축구에서도 라이벌팀인 'AS 로마'라는 로마 연고의 풋살팀과의 결승전이었다. 그들은 축구팀과 로고도 동일한 사실상 'AS 로마' 축구팀의 다른 버전이었다. 우리는 열띤 응원을 이어갔고, 열렬히 노래를 따라 부르는 내 모습이 티비 중계에 잡히기도 했다고 한다. 풋살은 실내에서 5인이 진행하는 작은 축구 경기이다. 그만큼 콤팩트하고 아기자기한 플레이나 장면들이 많이 나오며, 선수들의 개별적 개인 기량이 정말 뛰어났다. 경기장이 작은 만큼 몰입감이 있고 박진감이 있었다. 사실 한국에도 프로풋살리그가 있지만 이를 챙겨보며 원정경기까지 따라다니는 응원을 하는 이들은 거의 없다. 그런 면에서 이들이 나폴리 풋살팀을 얼마나 사랑하는지 알 수 있었고 제법 놀랐었다. 이들의 사랑에 힘입어서일까, AS 로마와의 '코파 이탈리아 풋살' 컵 대회 결승전은 나폴리의 6대3 승리로 종료된다. 그리고 나폴리 풋살팀은 트로피를 거머쥔다. 경기가 종료되자 시상식이 진행되었고, 엉겁결에 나는 나폴리를 연고로 한 프로스포츠 팀의 우승을 또 한 번 목격하게 되었다.

경기장이 작으니, 선수들과 필드가 거의 바로 앞에 있었고, 이에 선수들은 먼 길 원정을 와준 팬들과 기쁨을 함께하기 위해 트로피를 들고 관중석 앞까지 달려와 환희를 만끽했다. 이 대회 나폴리 팀의 경기를 몇 번 보지도 못했는데 엉겁결에 따라온 생전 처음 보는 도시에서 우승컵을 들어 올림에 약간 얼떨떨했지만, 일단 신나는 것은 신나는 것이니 우승의 여흥을 마음껏 즐겼다. 우승이라는 결과와 함께 나폴리로 돌아오는 길은 이상하리만큼 짧게 느껴졌다. 안도감, 행복감, 노곤함이 뭉쳐져서 그런 것 같았다. 우리는 '리카르도'의 미친 운전 실력으로 예상보다 일찍 나폴리에 도착했고, 이미 새벽 시간이었던지라 인사를 나누고 각자 집으로 귀가했다. 나에게는 정말 길었던 하루였다. 그치만 그만한 가치가 있었지 않나 하는 생각을 하며 이불을 덮고 눈을 감았다.

식문화의 차이,
생존의 방법과 카프리행

이렇게 현지인처럼 생활하며 현지인들과 어울리다 보니, 사실상 나폴리 사람이 된 것 같은 기분을 자주 느꼈다. 그러나 단 한 가지, 완벽하게 동화되지 못한 부분은 음식이었다. 나폴리 음식이 맛이 없다거나 이탈리아 음식이 입에 맞지 않는 것은 아니었다. 다만 내가 한국 음식에 너무 길들여져 있었다는 것을 새삼 실감할 뿐이었다. 전통을 중요하게 생각하는 보수적인 유럽의 음식 문화와 달리, 한국은 미국과 같이 여러 가지 다양한 종류의 음식들을 들여와 받아들였다. 거기다 한국의 전통적인 음식 문화와 결합시키기까지 했으니, 종류도 다양하고 전통도 유지되는, 유럽 음식 문화와 미국 음식 문화가 적절히 융합된 중간 지점이 바로 한국의 식문화라고 생각한다. 대한민국과 서울에서의 삶에 크게 만족하지는 못하는 내가, 단 한 가지 무조건적으로 인정하고 선호하는 것은 한국의 음식 문화였다. 얼큰한 국물과 소주가 내가 나폴리에 정착하지 못하는 유일한 이유였으니까. 나폴리에 꽤 오래 체류하면서 유일하게 그리웠던 한국의 무언가는 사랑하는 가족과 맛있는 한국 음식이었다.

　그래서 나폴리 생활 한 달이 넘어가던 이맘때 즈음, 게스트 하우스에서 한국 음식을 만들기 시도했다. 통삼겹을 구해 삼겹살처럼 구워보거나, 라면 스프를 구해 파스타 면과 함께 라면처럼 끓여보기도 했다. 만족스럽진 않았지만, 그런대로 먹을 만했고 점점 적응이 되었다. 또 일전에 찾았던 시장의 허름한 식당을 자주 찾으며, 한국의 거리·시장 감성을 충전하기도 했다. 음식처럼 나의 나폴리 생활에는 어려움도 있었고, 내가 완전한 나폴리 사람이 되는 데에는 분명히 한계가 존재했다. 하지만 시간이 더 필요했을 뿐, 나는 점점 적응하고 있었고 그런대로 방법을 찾아내고 있었다.

시내 구석구석, 골목골목 숨은 명소와 맛집, 술집 등을 찾아다니며 나폴리에서 살아남는 법, 나폴리에서 즐거움 찾는 법을 터득해 가던 나는 어느새 여행의 막바지에 서 있었다. 무엇을 해야 조금 더 의미 있는 시간을 보낼 수 있을까 고민하던 나는, 지난 남부 이탈리아 소도시 투어 때 방문하지 못했던, 카프리섬을 방문하기로 결심했다. 찰스 왕세자, 박지성 선수, 마크 저커버그 등의 신혼여행지로 익히 알려진 '카프리'섬은 아름답기로 유명한 남부 이탈리아의 보석 같은 섬이었다. 나폴리 중심에 있는 해안 항구에서 표를 끊고 1시간여 배를 타고 이동하니 생각보다 금방 카프리섬에 도착했다. 날씨가 너무 좋아서 오기 잘했다는 생각이 들었다. 섬을 구경하다가 경치를 보기 위해 산으로 올라가기로 마음을 먹었다. 발을 디딜 곳도 없는 간단한 형태의 케이블-의자를 타고 산 정상을 향해 올라가게 되었는데, 올라가고 내려올 때 모두 풍경이 숨이 멎을 정도로 아름다웠지만, 대롱대롱 달려있는 의자에 앉아 허공에 떠 있는 듯 올라가는 과정은 제법 무섭기도 했다. 산에 올라서 바라본 카프리섬과 해안 풍경은 진짜 말 그대로 장관이었다. 아름답다는 말 밖에는 할 말이 없었다. 주위의 관광객들도 모두 신나고 들떠있는 모습에 덩달아 나도 설렘이 가득 차올랐다. 기가 막힌 풍광을 배경으로 나폴리 축구팀 머플러를 내고 사진을 여러 장 찍고 내려오고 나니 가슴이 몽글몽글한 기분이었다. 날씨가 좋아야만 갈 수 있다는 '푸른 동굴'은 아쉽게 방문하지 못했지만, 가슴에 길이길이 남을 아름다움을 마음속에 담고 나는 나폴리로 돌아왔다.

Odio
Bergamo!

3월 29일, 출국이 이틀 앞으로 다가왔고, 한국으로 돌아간다는 생각에 마음이 싱숭생숭하고 심란했다. 2월 16일 도착 이후 한 달 반이 흘렀고, 두 달이 가까워져 오고 있었다. 3월 30일 출국 전 마지막 축구 경기를 보기 위해 경기장으로 향했다. 나폴리 축구팀과 '아탈란타'의 리그 30라운드 경기였다. 아탈란타는 이탈리아 북부에 위치한 '베르가모'에 연고를 둔 팀이다. 베르가모 사람들은 이탈리아 내에서도 극우, 인종주의자, 차별주의자로 통하는 이들이 많았고, 그곳에 연고를 둔 축구팀 아탈란타의 팬들은 말할 것도 없었다. 이들은 나폴리가 더럽고 못살며, 범죄의 소굴이라는 생각을 바탕으로 나폴리를 혐오하고 나폴리는 이탈리아가 아니라고[27] 주장해 오고

---

27) 앞서 서술했듯, 사실 대다수의 나폴리 사람들도 본인들을 이탈리아 사람이라고 생각하지 않는다. 나폴리 사람이라고 생각할 뿐이다.

있었다. 심지어 아탈란타 축구팀의 감독인 '가스페리니'는 나폴리를 향한 혐오를 인터뷰에서 공공연하게 표현하기도 했다.

당연히 나폴리 사람들도 이 베르가모 사람들을 좋아할 리가 없다. 이렇게 지역감정으로 엮인 나폴리와 베르가모는 나폴리 축구팀과 아탈란타 팀이 비슷한 순위로 경쟁하게 되는 일이 자주 생기자 더욱 사이가 나쁜 라이벌로 변해갔다. 이러한 지역감정을 바탕으로, 중간중간 승리는 있었지만, 여전히 부진을 떨치지 못한 칼조나 감독의 나폴리 축구팀과 6위를 달리고 있던 아탈란타BC 축구팀의 이날 대결은 정말 중요한 경기였다. 하지만 나폴리는 전반 26분 '미란추크', 전반 45분 '스카마카', 후반 88분 '코프메이너스'의 골로 0:3 대패하고 만다. 물리적 충돌 우려로 원정이 금지된 아탈란타의 팬들은 원정을 오지 못하여 경기장에 없었고, "오디오 베르감모!(Odio Bergamo! : 베르가모 싫어!)"를 외치던 나폴리 팬들은 3골 차 대패에 할 말을 잃어 경기장은 침묵으로 고요했다. 나폴리 팬들은 "Vaffanculo lo scudetto, mertiamo piu rispetto!(작년에 우승한 거 상관없다 꺼져! 우리는 더 존중받고 더 좋은 대우 받을 자격이 있다!)"라고 외치며 팬들에게 인사를 하러 오는 선수단에게 야유를 퍼부었다.

나의 세 번째 나폴리 방문의 마지막 축구 경기는 이렇게 씁쓸하게 마무리되었다. 가슴이 아팠다. 1년 만에 우승팀에서 10위권까지 추락해 버린 나의 팀의 모습과 무기력해진 선수들, 열띤 응원에의 보답을 받지 못하는 팬들. 분노와 아쉬움이 뒤섞인 감정을 뒤로하고 경기장을 나왔다.

　나폴리에서의 마지막 날임을 아는지, 이날은 나폴리 바스켓 팀의 농구 경기도 펼쳐질 예정이었다. '지오반니'와 '클라우디오', '리카르도', '다니엘 레', '가브리엘레', '란젤라' 등 친구들과 우리는 중간에 살짝 뜬 시간을 공원 에서 보내게 되었다. 낭만적이게도 수염 덥수룩하고 거무칙칙한 옷차림의 남성 이십여 명이 공원에 앉아 소풍 온 것처럼 간식도 나눠 먹고 맥주도 마 시던 장면은 아직도 기억에 생생하다. 참 평화롭고 아름다웠다. 축구 경기 에서 패배한 마음을 위로해 주는 힐링의 공간과 시간이었다. 아무것도 하 지 않고 앉아만 있던 그 시간들이 이제와서는 정말 생생하게 많이 기억에 남는다. 한쪽에 축구를 하고 있는 학생들도 보여, 우리는 그들에게 말을 걸

고 함께 공을 찼다. 어린아이들을 상대로 진심을 다해 뛰어다니던 수많은
나폴리 친구들의 해맑은 미소들은 아직도 푸르른 그날의 향기 속에 영원히
내 맘을 채울 것이다. 이날은 작정이라도 한 듯, 나폴리 바스켓 농구팀 역
시도 '레이에르'팀에게 7점 차로 패배하며, 나의 나폴리에서의 마지막 하루
는 그렇게 끝이 났다.

세 번째 모험이
막을 내리다

이튿날인 3월 31일, 새벽같이 일어나 짐을 싸고, 두 달 조금 안 되게 같은 공간에서 함께 생활한 '피노'와 '다니엘'과 마지막으로 이탈리아식 레스토랑에서 점심 식사를 했다. 그들과 꼭 나폴리에서 다시 만날 것을 약속한 후, 집주인 '토니'와도 인사를 한 뒤 슬픈 작별을 했다. 곧장 공항으로 이동해 이스탄불 국제공항을 거쳐, 4월 1일 인천공항에 닿았다. 나의 세 번째 나폴리행 여정이자 '나폴리에서 한 달 살아보기' 계획은 이렇게 막을 내렸다. 내가 사랑하는 것들을 만나기 위해 또다시 떠난 여정에서 나는, '진정한 나폴레타노'가 되어 돌아왔다고 자부한다.

앞선 두 번의 나폴리 방문은 사실상 축구 팬의 여행기 정도로 보일 것이다. 하지만 나는 단순한 여행이 아닌, 그 여행의 과정을 충분히 음미하고 사유하는 시간으로 앞선 두 번의 나폴리 방문을 즐길 수 있었다. 그 덕분에 이번 세 번째 방문에 앞서 현지 나폴리의 친구들과 서로 간의 두터운 우정과 확실한 신뢰를 바탕에 둘 수 있었고, 또 그 덕분에 나는 세 번째 방문을 단순한 여행이나 방문이나 아닌, 잠시 그곳에 살아보는 시간으로 보낼 수 있었다. 확실히 몇 주간 잠깐 방문했을 때보다는 마음가짐이나 생활패턴의 측면에서 상이한 지점이 많았고, 새로운 것들을 많이 느낄 수 있었던 나의 세 번째 나폴리 방문기였다.

시작부터 외국 시트콤에 나올 법한 아기자기하고 사람 사는 냄새 나는 게스트하우스에서 드라마틱하게 좋은 친구들을 만날 수 있었고, 이들은 마지막까지 든든한 나의 편, 우리 식구가 되어 주었다. 여러 다양한 친구들을 만날 수 있었을 뿐더러, 이번 세 번째 여정에서는 정말 많은 수의 축구 경기도 직접 관람할 수 있었다. 더불어 농구 경기와 풋살 경기도 여러 번 관람할 기회를 가질 수 있었다. 나폴리에 거처를 두고 다른 유럽으로 여행 겸 원정을 떠날 수 있었던 부분도 내가 정말 현지인처럼 살고 있음을 느끼게 해 주었다. 무엇보다도 현지에서 경험한 나의 생일파티는 정말 인상적이었다. 수없이 많은 이들에게 축하받았고, 기쁨을 함께 나눌 수 있었다. 종종 난관에 부딪히기도 했으나, 따뜻한 사람들과 든든한 친구들, 한 번씩 찾아와준 행운 덕에 큰 탈 없이 이 여정을 마무리할 수 있었다.

세 번째 나폴리 방문은 그간 나의 나폴리 방문의 집약이자 나의 모든 사랑의 결실이었다. 첫 번째 방문에서 시작된 나의 사랑은 두 번째 방문으로 공고해졌고, 우승이라는 열매를 맛보게 해 주었다. 그리고 이어진 마지막 세 번째 여정에서, 나폴리와 나의 사랑은 영원이란 이름의 약속을 맺은 셈이 됐다. 더 이상 경기 결과나 그밖에 상황들은 중요하지 않게 되었다. 나는 이 도시의 사람들을 사랑하게 됐고, 그로 인해 나와 세상을 돌아보게 되었고, 내 가치 위에서 '나폴리'라는 도시를 진심으로 사랑하게 되었으니까.

세 번째 여정의 나의 목표 아닌 목표는 앞서 여러 번 언급했듯, 현지인처럼 나폴리에 '거주'해 보는 것이었다. 함께 나의 여정을 따라온 여러분의 생각은 어떠한가? 과연 내가 여행객이 아니라 나폴리인처럼 지내고 왔다고 생각하시는가? 나는 진정한 나폴레타노가 되었을까? 이 글 읽는 독자들도, 나폴리의 친구들도, 그리고 나도 모두 각자 느낀 바는 다르겠지만, 적어도 나는, 우리는 이렇게 생각한다. 'Io sono non e turista, Io sono Napoletano.' "Phil(김필진)은 여행객이 아니다, 그는 진정한 나폴레타노다!"

푸른색 우정,
그리고 세계인의
나폴리

나폴리와의 영원한 사랑,
그리고 계급연대의 단초

친구들과 나의 우정은 푸른색으로 빛나기 시작했고, 나와 나폴리의 사랑은 영속성으로 매듭지어졌다. 세 번째 나폴리 방문 이후에도 나는 꾸준히 나폴리를 찾았다. 2024년 12월에 그곳에 방문해 폭죽을 쏘아대어 위험하기로 유명한 나폴리의 새해 첫날을 경험했다. (나의 친구 '리카르도'가 자신의 집으로 초대해 주어 안전하게 구경할 수 있었다.) 또한 2025년 1월~2월, 그리고 2025년 5월까지. 스웨덴에서 교환학생 생활을 하게 된 나는 번거로운 교통편에도 불구하고 유럽에 있다는 것을 핑계 삼아 나폴리를 자주 방문하곤 했다. 이제는 그곳을 찾는 것이 전혀 놀랄 만한 일이 아닌, 자연스럽고 낭연한 일이 되었다. 친구들도 더 이상 나에게 특별 대우를 해 주거나 특혜를 주지 않는다. 이제 나는 그들 중 일원이며, 내가 거기에 함께 있는 것이 모두에게 전혀 어색하지 않고 놀랍지 않게 된 것이다. 검은 머리의 이방인이 아니라 그들의 일원으로 받아들여짐에 전혀 의심의 여지가 없다.

나는 나폴리를 통해 또한 나의 철학적, 사회적 가치를 재확인했다. 김필진 스스로는, 마르크스주의자이자 계급론자라 스스로의 정체성을 정의한다. 어려운 철학적 이야기를 하고자 하는 것이 아니다. 마르크스주의의 기본적 인식 토대인 계급 도식은, 사회를 바라볼 때 생산수단을 가진 유산계급과 이를 갖지 못한 무산계급으로 나누어 이들의 대립을 중점적으로 조명한다. 생산수단이란 생산을 위해 투입되는 물질적인 요소들을 이르는 말인데, 기계, 도구, 자연 자원, 공장 등이 이에 포함된다. (자본주의 사회에선 이를 구성할 수 있을 만큼의 커다란 자본을 가진 이 또한 유산계급으로 본다.) 즉, 자신의 노동력을 팔지 않아도 생활이 가능한 상위 1%의 유산계급과 자신의 노동력을 팔아야만 생계유지가 가능한 99%의 무산계급의 모순과 갈등을 이야기하는 것이다. 우리 사회를 구성하는 물질적, 경제적 토대로서의 이 계급—메커니즘을 많은 사람들이 망각하고 살아간다. 예컨대, 문화나 민족, 국가나 언어 등이 세계의 무산계급을 갈라놓는다. 나는 이 분리와 파편화를 극복하고, 무산계급의 연대와 융합으로 가는 길의 단초를 나폴리에서, 그리고 축구에서 발견했다.

나폴리를 처음 방문하기 몇 년 전 로마를 방문했을 때, 축구와 낭만 그리고 계급의식[28]에 대한 글을 쓴 적이 있다. 세 번의 나폴리 방문은 내 입장을 더욱 확고하게 만들어줬다. 이탈리아어 한마디 할 줄 모르던 내가 축구와

28)　계급론을 기반으로 한 자신의 계급성이 어디에 속하는지에 대한 의식 내지는 인식.

나폴리 덕분에 수많은 나폴리인들과 가까워지고, 서로의 삶을 나눌 수 있었던 것은 축구를 통해 국적과 인종을 초월해 낭만을 나눌 수 있음을 의미한다. 이는 곧 원초적 단계에서의 인간 유대와 연대 그리고 계급적 단결의 가능성을 시사할 테다. 자본주의적 상업화에 찌든 미국식 스포츠들, 그리고 상업화된 프로스포츠 세계에서 좀처럼 찾아보기 힘든 낭만이 바로 여기 나폴리에는 작지 않은 형태로 존재했기 때문에 가능한 일이다.

많은 사람들은 축구나 스포츠가 상업화된 자본의 도구이자 또 하나의 기득권 유지 장치가 아니냐고 반문한다. 일정 부분 사실이라고 생각한다. 하지만 내가 목도하고 경험했던 시간과 공간에서는 조금은 다른 시사점들을 찾을 수 있었다. 나는 '나폴리'라는 내 진심이 담긴 구체성을 통해 세상의 질서에의 올바른 방향성을 확인했다. 본질적 계급구조를 제대로 직시하지 못 하도록 우리를 방해하는 수많은 이데올로기적 현혹들은 사실 단순한 것들에 의해 연기처럼 사라졌다. 축구 경기에서 같은 팀을 응원하고, 골이 들어가면 기뻐하는 단순한 행위와 이의 반복은 동질감을 형성했고, 우리가 서로 간의 '다름'보다 '같음'을 바라볼 수 있게 했다. 민족이나 국적, 문화 같은 여러 현혹들을 물리치고 나폴리와 내가 사랑에 빠지게 되었다는 사실은 이를 증명하고 있다.

'국제 축구 연맹 FIFA'의 가입국(회원국) 수는 2025년 현시점 기준으로 211국이며, '국제 연합 UN'의 가입국(193개국)보다 20여 개국 더 많다. 축구는 공만 있으면 언제 어디서든지 할 수 있는 스포츠이다. 지구 반대편에 떨어져도 서로 같은 규칙을 이해하고 있고, 함께 실행할 수 있다. 자본주의와 시장의 영향으로 대중 스포츠가 짙은 상품성을 띠게 되었으며, 상업화되었다는 것은 부정할 수 없는 사실이다. 하지만 축구는 축구 그 자체로서 인류의, 대중의 연대에 기여할 수 있다고 확신한다. 예컨대, 대한민국 대기업 모 그룹 회장님은 나랑 비슷한 문화와 언어를 공유하고 있을 것이다. 우리 둘 다 뼈해장국의 진한 맛을 이해하고 즐길 테다. 반면 나폴리에 거주하는 북아프리카 출신의 어느 '글로보'[29] 배달원은 이 맛을 전혀 이해하지 못할 것이며 말 그대로 즐길 수 없을 것이다. 물론 한국어로 대화하는 것도 불가능하겠다. 하지만 계급적인 시각에서 나는 그 회장님보다 이 배달원과 더 비슷한 생활을 이어 가고 있다. 생각해 보라. 물질적인 측면, 경제적인 측면에서 생활까지, 나는 이 배달원과 더 가깝다. 같은 문화, 같은 언어를 향유하지는 못하지만, 그것은 중요하지 않다. 우리의 경제적 이해관계가 동일하며, 우리가 어떻게 살아가는지에 대한 기본적 기제가 동일하다는 것이다. 만약 그가 나폴리에 거주하는 나폴리 팬이라면 우리는 나폴리의 승리에 함께 기뻐할 수 있을 것이다. 이것이 내가 축구를 계급의 자각과 연대의 형성을 위한 하나의 열쇠로 바라보는 이유이다. 그렇다면 의문이 생길 수 있다. 앞서 장황하게 서술했던, 각 도시의 축구 글립 간의 갈등, 역시에 기인한 (축구 문화의) 지역주의는 어떻게 극복할 것이냐는 것이다.

---

29)   유럽의 배달 어플리케이션.

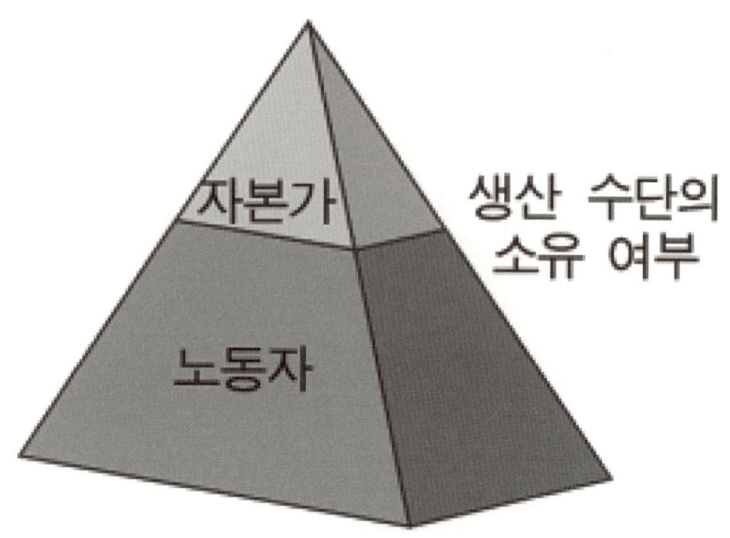

세계인의
나폴리를 꿈꾸다

"1° agosto pioveva, di domenica era.

Maglia in lana e un pallon e nasceva l'amor.

Dall'azzurro nel cielo, come sfondo il Vesuvio

ed il bianco si sa, è la sua integrità.

E di fango e sudore, sacrificio e passione.

E' la storia si sa, della nostra città.

Napoli è della gente, il passato e il presente

e il futuro si sa, ci ritroverà qua.

Perché noi ti adoriamo, senza te non viviamo

forza Partenope, il mio cuore è con te.

Lalalalalalala, lalalalalalala.

Forza Partenope, il mio cuore è con te. "

앞의 가사는 나폴리의 응원곡 'Primo Agosto Pioveva (Napoli è della gente)'의 가사이다. 내용은 이러하다. 나폴리 축구팀이 창단된 1926년 8월 1일 비가 왔다는 언급부터 시작하여 나폴리의 역사와 많은 이들의 희생과 헌신, 그리고 지금의 나폴리가 있기까지의 과정을 노래하는 곡이다. 여기서 내가 꽂힌, 또 집중하고 싶은 부분은 *"E' la storia si sa, della nostra città. Napoli è della gente, il passato e il presente e il futuro si sa."* 이다. 이 문장의 뜻은 "이는 우리 도시의 역사이다. 나폴리는 사람들의 것이다. 과거에도, 현재에도 그리고 미래에도." 내가 앞서 이야기했듯, 나폴리라는 축구팀은 대자본의 논리에 휘둘리는 팀이라기보다는 팬들의 사랑과 낭만으로 나아가는, 말 그대로 '시민들의' 나폴리이다. 그들은 자신들의 역사를 사랑하고 이를 지키기 위해 이 곡을 매주 열창한다.

하지만 내 마음에 걸리는 부분은 위 문장에서도 느낄 수 있는 폐쇄적 지역주의와 배타성이다. 나폴리인들은 역사 속에, 현실 속에, 피혐오의 대상이었기 때문에, 이렇듯 지역적 색깔이 강하고 자신들만의 문화와 배타성이 강하다. 감히 말하자면, 이 부분은 나폴리 축구팀, 그리고 나폴리라는 도시 자체가 조금 더 생각해 보아야 할 문제라고 생각한다. 외부에 비추어지는 이미지와 달리 나폴리는 그렇게까지 무섭거나 더럽지 않다. 반면에 미디어에서 주목하지 않는 나폴리만의 따뜻함은 항상 그곳에 있다.

이러한 점을 발판 삼아, 나폴리가 조금 더 세계적인 축구팀이, 세계적인 도시가 되었으면 좋겠다. 북부 이탈리아의 거대한 팀들처럼 자본의 힘으로 세계시장을 공략하는 것이 아니라, 사람들의 힘으로 세계를 향해 나아갔으면 좋겠다. 조금 더 열린 도시가 되어, '세계인의 나폴리'가 되었으면 좋겠다. 그렇게 되면 나폴리와 나폴리의 축구는 세계인 연결의 거점이 되어, 사람들 속에 영원할 것이며, 자연히 연대와 유대는 따라올 것이다. 이것이 나의 작은 바램이자, 내가 고대하는 바이다. 나폴리가 사람들의 힘으로 세계인의 도시가 된다면, 이를 계기로 수많은 제2의, 제3의 나폴리가 나타나리라 믿는다. 아무리 축구 문화에서의 대립적 라이벌 의식이 심하더라도, 그를 초월하여 우리 모두 축구를 사랑하는 사람, 우리 모두 노동계급(무산계급)이라는 의식을 공유하는데 '세계인의 나폴리'가 앞장섰으면 한다. 내가 그렇게 될 수 있게 도울 것이며, 우리는 결국 그렇게 되리라.

만국의 축구 팬이여!
단결하라!

: Napoletano Vero!

　자본주의에의 나의 반감과, 무한경쟁, 바쁜 사회에 대한 회의는 나폴리의 여유롭고 낭만적인 삶을 통해 세상에 대한 또 다른 시각을 제공했다. 나아가 나 자신을 돌아보게 했고, 내가 걸어온, 내가 살아온 시간을 다시금 되새기게 했다. '세계인의 나폴리'는 그 방점에서 나의 가치와 사고의 완전한 방향성 · 목표이자 논리를 제공한 셈이다.

　내가 완전한 나폴리 사람이 되는 것에는 현실적 한계가 있듯, 나폴리라는 도시가 완벽한 사람들의 도시로서의 역할을 해내는 것에도 당연히 현실적 무리가 있다. 하지만 내가 그 가교가 되어 '숨겨진 낙원' 나폴리의 문을 열어젖히고, 나폴리도 늘 그래왔듯, 따뜻함으로 세계인을 보듬고 그들의 낭만적인 축구로 모두를 아우른다면, 안될 것이 무엇이랴. 그러므로 이 글과 내 이야기는 마침표가 아니다. 현재 진행형이고, 미래형일 테다. 나는 계속 나폴리를 찾을 것이고, 우리는 계속해서 역사를 써 내려갈 것이다. 그리고 그 역사 위에 '세계인의 나폴리'가 존재하기를 간절한 마음으로 소망하며, 오늘도 우리는 같은 곳을 향해 한 발짝 나아갈 것이다. 나에게 세상살이의 기제와 진정한 사랑을 깨닫게 해 준 축구와 이 사랑스러운 도시에 감사하며, 많은 나폴리 친구들과의 우정을 소중하게 생각하며, 포기하지 않고 우리의 끝없는 투쟁과 함성을 이어갈 것이다. 그것이 나폴리의 정신이며, 그게 나폴레타노니까.

나폴리에는 이러한 격언이 있다. "한 번도 나폴리에 방문하지 않은 사람은 있어도 한 번만 나폴리를 방문한 사람은 없다." "나폴리를 방문한 사람은 두 번 운다. 도착 후 아름다움과 따뜻함 때문에, 그리고 떠나야 할 끝이 찾아왔을 때." 이 글도, 나의 여정도 끝을 향해 달려가고 있다. 하지만 그것이 마지막이 아니다. 그 끝 너머에서도 계속될 우리들의 아름다운 우정과 나의 영원한 사랑을 위하여.

Forza Napoli Sempre !

나폴레타노 김필진